입대 예비 학교

입대 예비 학교

지은이 | 김영호 · 신진식 · 안정호 · 유경동 · 이현식 · 이희건 · 홍성우
초판 발행 | 2023. 6. 21
등록번호 | 제1988-000080호
등록된 곳 | 서울특별시 용산구 서빙고로 65길 38
발행처 | 사단법인 두란노서원
영업부 | 2078-3352   FAX | 080-749-3705
출판부 | 2078-3331

책값은 뒤표지에 있습니다.
ISBN 978-89-531-4494-1 03230

독자의 의견을 기다립니다.
tpress@duranno.com   www.duranno.com

군 입대를 앞두고 있는

크리스천 청년들을 위한

입대
예비
학교

김영호 · 신진식 · 안정호 · 유경동
이현식 · 이희건 · 홍성우 지음

두란노

"여호와의 군대 대장이 여호수아에게 이르되
네 발에서 신을 벗으라 네가 선 곳은 거룩하니라 하니
여호수아가 그대로 행하니라"
(수 5:15).

서약서

◆◆◆

**나는 '입대 예비 학교' 클래스 러너(Class Learner)로서
다음과 같이 서약합니다.**

1. 나는 말씀 안에서 군 생활의 소중한 의미를 발견하도록
클래스에 적극적으로 참여하겠습니다.

2. 나는 'MILITARY' 8개의 테마와 성경 이야기를 중심으로
삶을 나누며 앞으로의 군 생활을 전망해 보겠습니다.

3. 나는 주 1회, 정해진 시간에 규칙적으로
클래스에 참여하겠습니다.

4. 나는 교재 내용을 사전에 읽고 주어진 질문마다
성실하게 대답하겠습니다.

5. 나는 다른 클래스 러너의 의견을 비판하지 않으며,
개인적인 이야기에 대해 비밀을 지키겠습니다.

6. 나는 효과적인 나눔이 되도록 혼자 길게 말하지 않고
다른 사람의 생각과 나눔을 경청하겠습니다.

7. 나는 '입대 예비 학교' 클래스를 통해
더 선하고 강한 크리스천 청년이 되겠습니다.

년   월   일

이름: _____ (인)

목차

1 Mission

임파서블? 아임파서블!

2 Identity

나는 누구, 여긴 어디?

MILITARY

5 Training

광야에서 내 영혼 벌크 업!

6 Aim

내겐 너무 특별한 목적

MILITARY

부르심이라는 용어에 대해 많은 그리스도인이 오해하고 있습니다. 특별한 누군가에게 주어지는 것이라 여깁니다. 성경은 우리 모두가 주의 부르심을 받은 사람이고 거룩한 제사장이라고 명확하게 규정합니다(벧전 2:9). 대한민국에서 태어난 남자에게 주어진 병역을 거룩한 주의 부르심으로 바라보게 하는 책이 나오게 되어 얼마나 감사한지 모릅니다. 단순한 낭만이 아닌 현실에 뿌리박은 영성, 실존적인 영성을 가지고 살아갈 수 있는 곳이 군대라는 공간입니다. 한 번도 경험한 적이 없는 인생의 첫 번째 광야에서 하나님은 하나님 당신이 인생의 주어가 되시는 삶으로 우리를 부르십니다. 입대를 앞둔 청년들에게 자신 있게 일독을 권합니다. 끌려가는 곳이 아닌, 주님께서 부르시는 곳으로 나아가기를 축복합니다.

강은도 더푸른교회 담임목사

《입대 예비 학교》는 입대를 앞둔 크리스천 청년들을 위한 좋은 안내서입니다. 군대라는 새로운 환경 속에서도 믿음을 지키고 살아가려 결단하는 청년들은 이 책을 통해 실제적인 방법을 배울 수 있을 것입니다. 우리의 청년들이 믿음으로 준비되어, 군에서도 말씀하시고 인도하시는 하나님을 경험하여 선한 영향력을 발휘하는 장병들로 거듭나기를 바랍니다.

김병삼 만나교회 담임목사

우리나라의 모든 남자는 군대를 갑니다. 대부분 20대 초반에 입대를 하다 보니 본격적인 사회생활을 하기 전이라 학교에 다닌 경험이 전부입니다. 군대는 가정은 물론 학교와도 다르고, 일반 사회의 규범이나 질서와도 다릅니다. 불안할 수밖에 없지요. 신앙은 이러한 불안한 미래에 가장 확실한 해답입니다. 이 책은 군 생활 속에서 도리어 빛나는 신앙의 힘과 가치를 설명합니다. 아주 좋습니다. 꼭 읽어 보았으면 좋겠습니다.

김학철 연세대학교 교수

인간의 특징 중 한 가지는 무엇이든 그 자체를 있는 그대로 보기보다는 자기가 보고 싶은 대로, 또는 자기의 모습 그대로 보는 것이라고 한다. 이 책은 "피할 수 없으면 즐겨라"라는 행하기 힘든 조언보다는 "군 복무도 대한민국 남자들에겐 소명이다"라는 관점에서 보도록 돕는다. 특별히 MILITARY라는 영어 첫머리 글자 8개를 통해 아브라함부터 예수님까지 한 인물씩 언급하며 군대 생활을 지혜롭게 준비하고 수행할 수 있도록 돕고 있다는 것이 매우 인상적이다. 군 입대를 준비하고 있거나, 이미 복무를 시작한 경우일지라도 많은 유익을 얻을 것을 확신한다.

박성민 한국대학생선교회 대표, 목사

군종목사로 5년간 섬겼었다. 그 가운데 가장 많이 들었던 말 중에 하나가 '황금 어장'이었다. 즉 군대는 비신자들에게 가장 손쉽게, 가장 많이 복음을 전할 수 있는 곳이라는 의미의 수사였다. 틀리지 않다. 하지만 이와는 정반대로, 내 눈에는 잡은 고기들을 다시 암흑의 바다로 나가게 만드는 최악의 어장임에도 틀림없었다. 예수를 믿는다고 하나 아직 믿음이 탄탄하지 않은 이들이 자신의 신앙을 견지하기에 군대라는 현장은 너무도 버거운 곳이었다. 영적 생존보다는 당장의 육체적 생존에 집중하게 되는 원욕 아래, 24시간 주님과 동행하기에는 24시간을 전혀 신앙적이지 않은 사람들과 문화 아래 살기에 이들이 신앙을 추구한다는 것은 요원한 일이다. 때문에 5년간의 사역의 결론은 결국 군 안에서 사역하는 이들의 돌봄과 치유도 필요하지만, 입대 전부터 예방과 준비가 무엇보다 필요하다는 점이었다. 무엇보다 자신이 누구인지, 무엇을 위해 살 것인지 그리고 보내질 곳이 어떤 자리인지, 즉 소명과 사명이라고 표현되는 자기 인식과 타 문화권인 군 현장에 대한 이해 말이다. 그런데 마침내 제대로 된 지침서가 등장한 것 같아 너무 반갑다. 가장 필요한 내용들을 균형 잡히게 서술했다. 무엇보다 저자들의 이름이 낯익다. 군선교를 위해 불철주야 헌신한 이들의 목록이다. 그들의 사역의 실제를 알기에 더 마음이 놓인다. 입대 전이라면 꼭 이 책을 숙지하고 나누어 보고 입대하길 바란다.

손성찬 이음숲교회 담임목사

11

"'눈을 감아라. 깜깜하지?' '깜깜합니다.' '그게 네 군 생활이다'"라는 군대 개그가 있습니다. 군대는 '깜깜하고, 안 보이고, 꼬이고' 등으로 표현될 만큼 막막한 폐쇄적 집단으로 느껴집니다. 그래서 '예비'가 필요합니다. 속된 표현으로 '썰'이 많기에 더욱 긴장되고 두려울 수밖에 없는 예비 군인들에게《입대 예비 학교》는 지혜와 믿음과 기대를 품게 하는 멋진 선물이 될 것입니다.

이인선 열림교회 담임목사

모든 낯선 길에는 안내가 필요합니다. 군대는 대한민국의 대다수 남자들이 경험하지만, 평생에 단 한 번 만나는 매우 낯선 길이기도 합니다.《입대 예비 학교》는 그 낯선 길의 탁월한 안내서가 되리라 생각됩니다. 누구보다도 가까이에서 용사들의 삶을 바라보며 함께 걸어온 분들이 쓴 책이기 때문입니다. 입대를 앞두고 있는 모든 크리스천 청년에게 적극적으로 이 책을 권합니다.

이재훈 온누리교회 담임목사

청년들에게 있어서 군 입대는 매우 중요한 문제입니다. 그러나 실제적으로 준비하고 대처하기가 어렵습니다. 많은 대화를 나누고 자료를 찾는 중에 오히려 정확한 정보를 얻기가 쉽지 않기 때문입니다. 이 책이 분명한 입대 교과서가 되어야 할 이유가 여기 있습니다. 강추합니다.

태동화 기독교대한감리회 선교국 총무 , 목사

입대 전에는 어떤 일이 일어날지 두렵고 걱정이 많이 됩니다. 우선 당장 눈앞에 있는 사회와의 단절로도 정신이 없습니다. 하지만 저는 입대 전이야말로 신앙심을 다져야 하는 시기라고 생각합니다. 미래가 걱정되고 두려울 때 의지할 분은 주님밖에 없기 때문입니다. 입대 전에는 무엇을 해도 불안하고 마음이 싱숭생숭할 텐데, 이 책을 천천히 읽고 주변인과 함께 이야기를 나누다 보면 입대 후에 있을 상황에 대해 생각하고 미리 마음의 준비를 할 수 있을 것 같습니다. 저는 입대 후 훈련소에서 신앙적으로 많이 힘들었는데, 그때 이 책을 읽으며 미래를 준비했다면 다시 마음을 잡고 신앙의 길을, 또 더욱더 빠르게 주님을 찾을 수 있었을 것 같습니다.

곽동훈 국군양주병원 상병

군 생활을 전혀 모르는 상태로 시작하면 앞을 모르는 불안함과 더불어 비교적 잘 알고 있는 주변 다른 동기들에게서 소외되기도 합니다. 만약 이 책을 미리 접했더라면 준비 과정이 조금 덜 불안하고, 앞으로 나는 어떻게 군 생활을 할 것인가에 대해 더 차분히 계획을 세울 수 있었을 것 같습니다. 《입대 예비학교》를 통해 1년 6개월이라는 길고도 짧은 시간 속에서 아무것도 찾지 않고, 얻지 않고, 마냥 시간을 흘려보내기보다는 자신이 찾고자 하는 것을 발견하고, 방향을 정하고, 목표를 향해 가는 군 생활이 될 수 있기를 바랍니다.

김드림 육군 제11기동사단 전역

입대를 앞두고 있는 사람이라면 누구나 불안하고 떨릴 것입니다. 하지만 결국에는 겪어야 할 시간입니다. 그런 면에서 이 책은 크리스천으로서 군 생활을 어떻게 해야 하는지를 설명하고, 더 나아가 나만 이러한 고민을 갖고 있는 것이 아님을 따뜻한 방식으로 알려 줍니다. 저는 이 책을 읽고 나서 '조금 더 일찍 알았더라면 어땠을까?'라는 아쉬움이 있을 정도로 좋았습니다. 군 생활을 하면서 겪게 될 고민들이 이 책에서 상당수 해결되었기 때문입니다. 만약 제가 이 책을 미리 읽었더라면, 하나님과 함께하는 군 생활이 어떤 것인지를 일찍 알게 됐을 것 같습니다. 입대를 앞두고 있는 친구들에게 매우 추천하고 싶습니다.

정희찬 육군 제11기동사단 전역

"군대는 '인생 대학'입니다. 그래서 꼭 다녀와야 합니다."

"군대는 '광야'가 아닌 인생의 성장과 성숙을 위한 하나님의 '연단 학교'입니다."

"군대는 '빛과 소금'으로 복음을 전할 수 있는 좋은 기회입니다."

"군대는 선교를 위한 '황금 어장'입니다."

군대에 다녀오고 나서 이렇게 말하는 크리스천이 많습니다. 그래서 묻습니다.

"그럼 다시 입대하겠습니까?"

그때 돌아오는 답은 이렇습니다.

"한 번은 너무 유익한데, 두 번은 못 가겠습니다."

이처럼 아주 예외적인 경우를 제외하면 의무 복무를 하는 이들에게 군 생활은 한 번뿐입니다. 또한 전입 신병 집체 교육을 하면서 "군대에 오고 싶어서 온 사람은 손들어 보세요"라고 요청하면 대개의 경우는 아무도 손을 들지 않습니다. 대부분 국방의 의무에 대한 '책임감', 병역이라는 통과 의례를 마치기 위한 '의무감', 피할 수 없어 끌려오는 것 같은 '억울함'을 가지고 입대를 합니다. 하지만 어떤 모양으로 병역의 의무를 감당하든, 이들은 '젊음이라는 푸른 심장을 나라를 위해 이식한' 숭고한 이들입니다.

그럼에도 아쉬움이 있습니다. 군 생활에 대한 '기대감'이 아닌 '책임감', '의무감', '억울함'을 가지고 입대를 하다 보니, 입영 전까지도 군대에 대한 생각을 하고 싶어 하지 않습니다. 18-24개월의 짧지 않은 시간임에도 불구하고 군 생활에 대한 밑그림을 가지고 입대하는 경우는 극소수입니다. 시작부터 '이 또한 지나가리라'를 중요한 처세로 여기고, '기승전 전역'을 기다리는 것을 낙으로 삼으려고 합니다.

전역할 때가 되어서야 이무진의 〈신호등〉을 불러 봅니다. "새빨간 얼굴로 화를 냈던 친구(동기), 새파랗게 겁에 질려 도망간 친구(후임), 붉은색 푸른색 그 사이 3초, 그저 눈앞이 샛노랄 뿐이야(선임)"라고 노래하며 그냥 지나쳐 간 신호등의 다양한 빛깔의 의미를 떠올립니다. 그러면서 젊은 날을 무채색으로 바꿔 버릴 줄만 알았던 군 생활이 뜻하지 않게 다채로운 삶을 살아갈 수 있도록 제공해 준 기회였음을 깨닫습니다. 그래서인지 후회와 아쉬움을 남기며 사회로 향하게 됩니다.

특별히 군인 교회 신앙 공동체를 섬기던 크리스천 청년들이 군 생활을 신앙적으로 해석하여 군대를 '의무'(던져짐)가 아닌 '소명'(부르심)의 자리로 깨닫게 될 때 후회가 있습니다. '입대 전에 조금 더 준비하고 왔으면 더욱 성장할 수 있었을 텐데, 조금 더 훈련받고 왔으면 복음을 잘 전할 수 있었을 텐데, 조금 더 기도하고 왔으면 사명을 감당할 수 있었을 텐데.' 그래서 떠나는 이들은 말합니다. "이를 미리 알았다면 좋을 뻔했습니다."

교회 공동체에는 많은 학교가 있습니다. 대표적으로 '아버지가 되기 전까지 아버지에 대해 공부해 본 적이 없습니다'라는 답을 주는 '아버지학교'가 있습니다. 미혼자들을 위해서는 '예비 아버지학교'가 준비되어 있습니다. 이 외에도 어머니학교, 부모학교, 결혼예비학교 등을 통해 교회는 교계를 넘어 일반인에게까지 좋은 영향을 미치고 있습니다. 이와 연장선상에서 생각해 봅니다. 입대 전에 군대에 대해 생각하고, 군 생활에 대한 신앙적 시뮬레이션을 해 보며, 군 생활을 비전을 가지고 준비할 수 있다면 어떨까요? 길다면 길고 짧다면 짧은 군 복무가 달라지지 않을까요? 어쩌면 구별된 '거룩한 군 생활'을 살아 낼 수 있지 않을까요?

이러한 고민을 존 웨슬리(John Wesley)의 설교 150편을 강독하며 '어떻게 하면 산업 혁명 이후 영국 사회에 선한 영향력을 미친 웨슬리처럼 살 수 있을까?'를 고민하던 '웨슬리학당'의 윤리학자 유경동 교수님과 현역 군종목사님들, 유일한 병장 만기 전역자인 신진식 목사님과 나눈 것이 이 책의 시초가 되었습니다. 무엇보다 열림교회 이인선 목사님의 아낌없는 지지는 '좋은 생각'이 생각에 머무르지 않고 '실천적 행동'으로 이어지게 했습니다. 이 책을 준비하는 동안 군 생활의 성공담과 실패담, 신앙적 갈등과 간증 등의 군대 이야기를 시간 가는 줄 모르고 나누었습니다. 그리고 군 생활을 통해 배우고 성장할 수 있는 가치를 군대의 영어 단어 'MILITARY'의 머리글자를 따서 생각해 보고, '성경의 인물이 군인이었다면 어떻게 했을까'라는 고민을 통해 '텍스트'(text)와 '콘텍스트'(context)를 연결해 보았습니다. 또한 군에서 경험할 수 있는 갈등 상황을 사례로 제시하며 군에 오기 전에 미리 신앙적 해결책을 탐색할 수 있도록 돕고자 했습니다.

이 책은 입대를 앞둔 크리스천 청년들이 함께 모여 소그룹 활동을 하면서 활용할 수 있습니다. 이 기회를 통해 군대가 '모두에게 잊히는 시간'이 아닌, '함께 성장하는 시간'으로 이해될 수 있을 것입니다. 또한 사역자 혹은 군대 선배와 일대일로 책을 읽고 질문을 나누면서 '멘토링'의 도구로 활용할 수도 있습니다. 때로는 입대를 앞두고 기도로 준비할 때 독서하면서 계획을 세워 볼 수 있는 책이 될 수도 있습니다. 모쪼록 이 책을 통해 군 생활이 인생의 걸림돌이 아닌, 디딤돌이 되기를 바랍니다. '빛과 소금'이 되는 크리스천의 삶을 성공적으로 살아 내어, 구원의 복음과 하나님 나라의 복음을 전하는 기회를 놓치지 않기를 소망해 봅니다.

이 책이 나오기까지 입대 예비 학교라는 비전을 공유하고 실행해 온 온누리교회 '데이빗 스쿨' 및 한국대학생선교회(CCC) '마하나임 스쿨' 관계자 분들 그리고 소그룹으로 함께 공부하며 자신들의 진솔한 고민과 경험을 나누어 준 신우 장병들에게 감사의 마음을 전합니다. 더불어 군대를 광야와 같은 '버려진 시간'이라고 여기며 살아가는 크리스천 청년들이 그 시간을 하나님의 연단 학교와 '부름 받은 시간'으로 고백하기를 소망합니다. 마지막으로 이 책이 두 번은 오지 않더라도 한 번의 군 생활을 멋지게 감당할 '빛과 소금'이 되는 크리스천 청년들을 세우는 데 조그만 보탬이 되기를 기대합니다.

클래스 리더(Class Leader)를 위한 부탁

1. 클래스의 목적은 입대를 앞둔 청년들이 말씀 안에서 장차 마주하게 될 군 생활의 소중한 의미를 발견하고 준비하도록 돕는 데 있습니다.

2. 클래스는 영어 'MILITARY'의 앞 글자를 활용한 8개의 테마와 그에 따라 선정된 8가지 성경 이야기를 중심으로 삶을 나누고, 자신의 군 생활을 전망해 보는 구조로 진행됩니다.

3. 클래스는 주 1회, 정해진 시간에 매주 모이는 것을 원칙으로 합니다. 클래스는 가급적 1시간에서 1시간 30분 이내로 진행하는 것을 권장합니다.

4. 한 클래스당 참가 인원은 클래스 리더를 포함하여 총 5명 이내로 진행하는 것을 권장하며, 클래스 리더는 클래스 러너들이 진행되는 챕터의 내용을 사전에 반드시 읽어 오도록 권면합니다.

5. 클래스 리더는 모임 시 설명 위주의 진행 방식을 지양하고, 수록된 질문을 중심으로 모두가 마음과 생각을 깊이 나눌 수 있는 방식으로 클래스를 이끌어 주세요. 질문은 충분한 나눔을 이끌어 내기 위한 가장 효과적인 도구입니다. 단, 한 사람의 발언 시간이 3-4분 이상을 넘기지 않도록 하여, 특정인 위주의 나눔이 되지 않도록 친절하게 안내해 주세요.

6. 클래스 리더는 훌륭한 '안내자'(guide)이자 '촉진자'(facilitator)로서, 서로

의 생각을 존중하고 클래스의 목적에 부합한 생각을 이끌어 내되, 클래스 안에서 서로의 의견을 비판하거나 무시하는 분위기가 형성되지 않도록 해 주세요.

7. 교재에 수록된 모든 질문에 반드시 모든 클래스 러너가 답해야 하는 것은 아닙니다. 각자 원하는 질문에 자유롭게 대답하는 분위기를 형성하되, 제한된 시간 안에서 내용 전달 및 클래스 목표 달성 등의 측면을 고려하여 가장 효과적인 나눔이 되도록 클래스 리더가 재량을 발휘해 주세요.

8. 매 챕터에 수록된 참고 영상과 추천 찬양은 클래스 러너가 개인적으로 참고할 수 있도록 하되, 클래스 시간이 허락되는 경우 자유롭게 나눌 수 있습니다.

9. 클래스 리더는 매 챕터에 수록된 '함께 드리는 기도'를 공동으로 낭독하게 함으로 클래스를 마칩니다.

10. 입대를 앞둔 청년들끼리 소그룹을 형성하기 어려운 경우, 다음과 같이 진행할 수 있습니다.

   - 입대 전 가족들과 함께 진행하기
   - 멘토와 함께 일대일로 진행하기
   - 여자(남자)친구와 함께 진행하기
   - 동반 입대 친구와 함께 진행하기
   - 개인적으로 입대를 위해 기도하며 진행하기

11. 집중 프로그램(수련회 혹은 캠프 등)으로 진행할 경우 교재의 내용을 충분히 다룰 수 있도록 일정을 고려해 주세요.

클래스 러너(Class Learner)를 위한 안내

1. 본 클래스는 말씀 안에서 앞으로 마주하게 될 군 생활의 시간을 잘 해석하고, 그 소중한 의미를 발견하며, 영적으로 건강하게 준비하도록 돕는 데 있습니다.

2. 클래스는 영어 'MILITARY'의 앞 글자를 활용한 8개의 테마와 그에 따라 선정된 8가지 성경 이야기를 중심으로 삶을 나누고, 군 생활을 전망해 보는 구조로 진행됩니다.

3. 클래스는 주 1회, 정해진 시간에 매주 모이며, 다음 모임에서 다룰 교재의 내용을 사전에 읽고 참가하는 것을 원칙으로 합니다.

4. 클래스 참가 전, 교재에 수록된 질문들에 대해 '자신의 생각과 답변'을 가지고 클래스에 참가하여 활발한 나눔이 이루어지도록 하되, 모임에 방해가 될 정도로 혼자 길게 말하거나, 다른 사람의 생각과 나눔을 비판하는 등의 행동은 지양합니다.

5. 클래스가 단순히 성경 공부 모임이 되지 않고, 서로의 생각을 존중하며 각자를 위해 중보해 줄 수 있는 '따뜻한 공동체'가 되도록 마음을 모아 주세요. 8주 클래스 이후에도 지속적인 교제를 통해 군 생활 기간 동안 서로에게 위로와 힘이 되는 공동체가 형성되기를 소망합니다.

6. 클래스 리더를 찾기 어려운 경우, 본 교재를 혼자 읽으며 학습할 수 있습니다.

클래스 진행 순서

∘ 1 ∘
시작 점호
10분

"마음을 열어 볼까요?"

∘ 2 ∘
충성! 바이블
30분

"들어 볼까요?"

∘ 4 ∘
마침 점호
1분

"정리해 볼까요?"

∘ 3 ∘
어서와~ 군대는 처음이지?
10분

"미리 생각해 볼까요?"

∘ 5 ∘
참고 영상
7분

"확인해요!"

∘ 6 ∘
함께 드리는 기도
2분

"기도해요!"

1. Mission

임파서블?
아임파서블!

군 생활은 크리스천으로서 정체성을 확인하고,
불가능을 가능케 하는 복된 믿음의 장입니다.

참고 영상
업글신자, <1편: 입대>
https://www.youtube.com/watch?v=sW1ils-1lgE

추천 찬양
제이어스, <주님 말씀하시면>
https://www.youtube.com/watch?v=rBaNX_REjbA

1. Mission

시작 점호

어쩌다가 영장 받고 군 입대했다 / 그러고는 마음을 다잡아 먹는다

그저 입대한 내가 대단해 보여도 / 남자라면 와야 하는 군대가 두렵다

아 선임형 군 생활 어-때 / 왜 이렇게 불안해

아 선임형 자대 선임형 / 자대는 또 어-때

시간은 간다며 전역한 선임형 / 있어 보니 알겠소 너무 좋소 선임형

울 아버지 생각에 가슴이 아프다 / 군 생활 해 보니 속 썩인 게 많더라

그저 사회보다 자유롭진 않아도 / 자유로운 세상 잘 살라고 오는 것 같다

아 선임형 좋다 군대가 / 그저 약한 나에게

아 선임형 전역한 선임형 / 군대는 배울 게 많네

먼저 와 본 군대 좋지요 선임형 / 와 보니까 군대는 필수네요 선임형

아 선임형 아 선임형 / 아 선임형 아 선임형

아 선임형 아 선임형 / 아 선임형 아 선임형

[출처: <선임형>(글지매, 2021년 10월 1일, https://blog.naver.com/hsuk1113/222523455486)]

위의 노래 가사는 한 블로거가 나훈아 님의 <테스형!>을 개사한 것

으로서, 군대에 먼저 입대한 선임에게 자신의 솔직한 심정을 털어놓는 것이 절절하게 느껴집니다. 입대를 앞두고 기대하는 마음과 불안한 마음이 교차하는 것은 누구나 겪는 보편적인 경험일 것입니다. 정들었던 가정과 친구를 뒤로하고 미지의 세상으로 떠나야 한다는 사실에 마음이 착잡해질 수도 있습니다. 떨리는 손으로 입영 통지서를 받고 훈련소에 들어가는 과정 그리고 자대에 배치될 때까지 모든 것이 우연처럼 느껴질 수 있습니다. 군대에서 새로 만나게 될 사람들인 간부, 선임, 동기들 그리고 후임마저 그 어느 것 하나 자신의 계획대로 되는 것은 없는 것 같습니다. 이러한 상황에 직면하게 될 때 우리는 크리스천 청년으로서 어떤 마음을 품고 군 생활을 준비해야 할까요? 앞으로 'MILITARY'라는 주제에 맞춰 총 여덟 번의 이야기를 나누어 보려고 합니다. 오늘은 그 첫 번째 이야기입니다.

—

Q. 군 입대를 앞두고, 또는 군 생활을 생각할 때 당신이 가장 기대하는 점이나 불안한 점은 무엇입니까?

A.

25

충성! 바이블

"여호와께서 아브람에게 이르시되 너는 너의 고향과 친척과 아버
지의 집을 떠나 내가 네게 보여 줄 땅으로 가라"(창 12:1).

창세기 12장에서 고향을 떠나는 아브라함의 모습이 군대로 향하는
청년들의 모습과 겹쳐 보입니다. 아브라함은 고향과 친척과 아버지
의 집을 떠납니다. 고향은 자신에게 익숙한 '삶의 터전'입니다. 친척
은 자신을 돌보아 준 '생활의 터전'입니다. 그리고 아버지의 집은 자
신과 가장 가까운 사람들이 있는 '생명의 터전'입니다. 익숙하고 정
든 곳을 떠난다는 것은 말 그대로 큰 도전이며, 누구든지 피하고 싶
은 일입니다. 군대로 향하는 많은 청년의 발걸음도 좀처럼 쉽게 떨어
지지 않는 것 같습니다.

군대, 조금 길고 살짝 빡센 선교지?

그런데 군대를 조금 다르게 볼 수는 없을까요? 아직은 공감이 되지
않을 수도 있지만, 입대를 또 하나의 선교 여행이라고 생각해 보는
것입니다. 18개월의 군 생활이 조금 길고 살짝 빡센 선교 여행이 될

수는 없을까요? 사실 선교 여행과 군 생활은 많은 부분에서 비슷합니다. 선교지와 군대는 모두 새로운 장소입니다. 또한 익숙하지 않은 문화 속에서 어색함을 무릅쓰고 새로운 사람들을 만나므로 적응할 시간이 필요합니다. 선교지에서 우리는 선교 대상과 같은 옷을 입고, 같은 언어를 사용하고, 같은 밥을 먹고, 춥고, 배고프고, 졸린 경험을 반복합니다. 어떻게 보면 군대와 똑같습니다. 오히려 주거 시설이나 생활 여건 면에서는 군대가 선교지보다 훨씬 더 아늑하고 고급스럽기도 합니다. 하지만 선교 여행과 입대가 다르게 느껴지는 것은 왜일까요?

선교 여행은 자발적인 마음으로 시작해서 계획하고, 준비 과정을 거쳐, 사명감을 품고 갑니다. 이에 반해 군대는 어쩔 수 없이 가는 곳으로, 특별한 준비 과정 없이 그냥 가는 경우가 다반사입니다. 만약 군 생활이 선교 여행이 될 수 있다면, 선교지와 선교 대상을 위해 기도하면서 미리 준비하듯 군대를 선교지로 여기고 그곳에서 감당할 일들과 만날 사람들을 위해 준비한다면, 우리의 군 생활은 시작부터 끝까지 전혀 새로운 의미로 다가올 것입니다.

그런 점에서, 군대와 교회에서 공통으로 사용하는 '미션'(mission)이라는 영어 단어가 의미심장합니다. 군대에서 미션은 '임무'이지만, 교회에서는 '선교' 또는 '사명'이 됩니다. 여기서 미션은 라틴어 'missio'라는 말에서 왔는데, '보내다'라는 뜻입니다. 그러므로 선교사(missionary)는 '보냄 받은 사람'이며, 그 이전에 먼저 '부름 받은 사람'입니다. 넓은 의미에서 크리스천은 모두 선교사입니다. 왜

냐하면 교회의 뜻이 그렇기 때문입니다. 교회는 원어로 '에클레시아'(ecclesia)인데, '밖으로 불러 모은 사람들'이라는 뜻입니다. 우리는 하나님께 부름 받은 사람들이며, 또한 세상으로 보냄 받은 사람들입니다.

군인, 사회에서 군대로 보냄 받은 자

본문에서 아브라함은 하나님이 '가라'고 명령하시자 순종하고 떠납니다. 아브라함은 '믿음의 조상'이라는 멋진 타이틀을 갖고 있지만, 또한 성경 '최초의 선교사'라고 불릴 수도 있습니다. 하나님의 부르심을 받고, 하나님이 말씀하신 곳으로 보냄을 받은 사람이기 때문입니다.

여기서 첫 번째 원리를 적용해 보려고 합니다. 우리가 국방의 의무를 다하는 것은 나라의 부름에 응답하는 것이며, 사회에서 군대로 '보냄 받은 자'(missionary)가 된다는 의미가 있습니다. 그렇다면 우리는 왜 신앙인으로서 나라의 부름에 응답해야 하는 것일까요? 나라가 평화를 유지하지 못한다면 신앙생활도 평안 가운데 할 수 없기 때문입니다. 종교 개혁자 마틴 루터(Martin Luther)는, "독일인이 세금을 내는 이유는 국가가 국민을 지켜 줄 때 평화로운 신앙생활을 할 수 있기 때문이다"라고 말했습니다. 그러므로 나라의 부름에 따라 군대로 나아갈 때, 우리는 선교사라는 정체성을 분명히 세울 수 있습니다. 하나님 나라 백성의 안정된 신앙생활을 보장하기 위한 청지기로 부름 받았다는 사실을 기억한다면 말입니다.

군 복무, 나와 이웃을 위한 복된 생활의 근거

아브라함은 지금 정든 고향을 떠나지만, 오히려 하나님은 아브라함에게 큰 복을 약속하십니다. 그것은 아브라함을 통해 이루실 민족이 복을 받고, 땅의 모든 민족이 아브라함으로 인해 복을 얻을 것이라는 약속이었습니다(창 12:2-3). 여기서 우리는 두 번째 원리를 발견하게 됩니다. 바로 우리의 군 생활이 '나와 이웃을 위한 복된 생활'의 근거가 된다는 사실입니다.

나라가 평화로울 때 국민의 생활이 보장됩니다. 매일 밤 군대에서 불침번을 서는 사람들이 있기에 우리의 가족들은 편안히 잠을 잘 수 있습니다. 지금도 군대에서 훈련하는 장병들이 있기에 우리의 친구들은 안전하게 생활할 수 있습니다. 이 세상에 당연한 것은 없습니다. 누군가의 희생과 노력이 있기에 세상은 당연한 것처럼 흘러갑니다. 군대는 당연하게 보이는 세상을 당연하게 만드는 곳입니다. 우리가 군 생활에 충실할수록 사랑하는 사람들의 일상생활도 지켜질 수 있습니다.

그렇게 볼 때, 크리스천 청년에게 군 생활은 단순히 병역의 의무를 수행하는 정도가 아닙니다. 지금 이 시대를 살아가는 이웃을 축복하며, 한 걸음 더 나아가 다음 세대를 향한 하나님의 복을 준비하는 통로가 됩니다. 이 땅에서 살아간 신앙의 선배들은 나라를 빼앗긴 일제 강점기 35년의 아픔의 역사 동안 민족의 해방을 위해서 기도했고, 독립 운동에 자신의 삶을 걸었습니다. 6.25 전쟁이라는 '풍전등화'(風前燈火)의 위기 속에서도 기도와 예배를 쉬지 않았고, 전쟁의 참화 속에서도 이 나라를 회복하실 하나님을 바라보며 자신에게 맡겨진 의무를 다했습니다. 수많은 믿음의 선조가 뿌려 놓은 그 눈물과 생명의 씨앗들이 자라나서 맺힌 열매를 지금 우리가 따 먹고 있는 것입니다. "역사를 잊은 민족에게 미래란 없다"는 말이 있습니다. 역사 속에서 크리스천들이 감당했던 고귀한 희생과 의무를 기억하고 우리의 마음속에 새기게 될 때, 국방의 의무는 나 자신과 이웃 그리고 미래 세대를 위한 복된 '사명'(mission)으로 다가옵니다.

군 생활, 하나님의 말씀을 따르는 삶

군대에서 우리는 매 순간 낯설고 새로운 경험을 맞이하게 될 것입니다. 간부와 선임, 동기 및 후임들과 어떻게 지낼지 궁금하기도 합니다. 자대 배치는 어디로 갈지, 어떤 보직을 받을지 불안하기도 합니다. 군대의 환경과 식사 그리고 익숙하지 못한 생활도 고민거리가 될 것입니다. 아브라함도 갈 곳을 알지 못한 채 떠나는 순례자의 길에서 똑같은 심정이었을 것입니다(히 11:8). 의지할 사람들도 없고, 배경이 되어 준 고향도 없습니다. 난생 처음 만나는 사람들을 상대해야 하며, 하루하루 먹을 음식과 잠자리를 걱정해야 했습니다. 그러나 그에게 한 가지만큼은 분명했습니다. 아브라함에게는 '여호와의 말씀'이 있었습니다. 그는 불확실한 미래가 아닌, 누구보다도 확실하신 하나님의 말씀을 따라갔습니다(창 12:4). 여기서 우리는 아브라함이 품었던 신앙의 세 번째 원리를 발견하게 됩니다.

육군에서는 '복무 신조'˙를 외칩니다. '해군의 다짐', '공군의 목표', '해병의 긍지'도 복무 신조와 같은 기능을 지니고 있습니다. 아침 점호 및 저녁 점호 때마다 부대원들은 선서를 하듯이 선창과 복창의 형식으로 복무 신조를 낭독합니다. 어떻게 보면, 우리가 예배 시간에 사도신경을 외우고 교독문을 낭독하는 것과도 비슷합니다. 그렇다면 군인은 왜 복무 신조를 외치고, 성도는 왜 사도신경을 외우는 것일까요? 왜냐하면 그것이 그들이 무엇을 따라가야 하는지에 대한 기준 또는 이정표가 되기 때문입니다. 다시 말하면, '보냄 받은 사람'들의 임무를 확인하기 위해서입니다. 우리가 군 생활을 신앙의 여정 혹은 선교 여행으로 여긴다면, 언제나 하나님의 말씀을 잊지 말아야 합니다. 하나님의 말씀은 세상으로, 또 군대로 보냄 받은 우리가 지켜야 할 신앙의 기준입니다.

● 육군 복무 신조는 다음과 같은 내용입니다. "우리의 결의": 우리는 국가와 국민에 충성을 다하는 대한민국 육군이다. 하나. 우리는 자유민주주의를 수호하며 조국통일의 역군이 된다. 둘. 우리는 실전과 같은 훈련으로 지상전의 승리자가 된다. 셋. 우리는 법규를 준수하고 상관의 명령에 복종한다. 넷. 우리는 명예와 신의를 지키며 전우애로 굳게 단결한다.

군 입대, 임파서블이 아닌 아임파서블!

한편, 아브라함과 함께 순례의 길에 동참했던 롯은 아브라함을 따라 갔습니다(창 12:4). 자세히 보면, 그는 하나님의 말씀을 따라간 것이 아니라 아브라함을 따라간 것입니다. 출발점은 비슷했습니다. 그러나 사람을 중시한 롯의 결과는 완전히 달라졌습니다. 눈에 보이는 것을 따라갔던 그는 결국 번영의 도시인 소돔과 고모라가 있는 땅을 선택하지 않았습니까(창 13:10-12)? 결국 롯은 아브라함뿐만 아니라 하나님과도 점점 멀어져 갑니다. 하나님과 멀어진 롯의 이야기를 보면 안타까움의 연속입니다.

군 생활에 있어서 겉으로 보이는 요소들이나 인간관계는 중요합니다. 그러나 보이지 않는 하나님과의 관계는 더 중요합니다. 만약 파견 임무를 수행하는 사람이 자신을 보낸 사람이나 기관으로부터 연락이 두절된다면, 그 미션은 실패할 수밖에 없습니다. 하나님께 '보냄 받은 사람'으로서 우리도 마찬가지입니다.

그러므로 군 생활 중에 하나님의 말씀을 따라서 영적으로 깨어 있지 않으면 '임파서블 미션'(impossible mission)이 됩니다. 불가능한 임무입니다. 그러나 'Impossible'(불가능한)이라는 단어에 점 하나만 추가하면 전혀 다른 의미가 됩니다. "I'm possible"(나는 가능하다). 그렇습니다. 군 생활을 한 끗 차이로 변화시켜 주시는 분은 오직 하나님이십니다. 하나님이 맡겨 주신 사명은 하나님만이 감당할 수 있게 해 주시기 때문입니다.

"대저 하나님의 모든 말씀은 능하지 못하심이 없느니라"(For nothing is impossible with God[NIV], 눅 1:37).

18개월의 군 생활이 하나님과 동고동락하는 신앙의 여정이 된다면 우리에게 불가능한 일은 없을 것입니다. 그분과 함께 우리는 주어진 모든 임무를 '올 클리어'(all-clear)할 수 있습니다. 하나님께서 맡겨 주신 임무를 하나씩 완수하기 위해서 오늘부터 여덟 번의 시간을 가질 것입니다. 그럼, 이제 본격적으로 떠나 볼까요? 당신을 조금은 특별한 선교지, 군대로 초대합니다.

Q. '하나님의 부르심'을 받은 사람에게 있어 '나라의 부름'을 받는다는 것은 어떤 의미가 있을까요?

A. _____

_____

Q. 앞의 글을 읽어 보았을 때, 당신은 군 생활을 통해 어떻게 '자신과 이웃을 복되게' 할 수 있다고 생각합니까?

A. _____

_____

Q. 군대가 선교지이고 당신이 군 선교사로 부르심을 받았다면 지금부터 무엇을 준비해야 할까요?

A. _____

_____

_____

어서와~ 군대는 처음이지?

입영 통지서를 받은 강 형제는 훈련소 입영 예정 일자가 가까워질수록 초조해하며 힘들어하고 있다. 그는 군 생활이 자신의 삶의 '공백기'이며 빨리 지나가야 할 시간이라 생각해 무가치하게 여기고 있다.

Q. 이와 같은 생각을 하는 이유는 무엇일까요?

A.

Q. 당신은 앞으로 하게 될 '18개월의 군 생활'을 어떻게 해석하고 있습니까?

A.

Q. 군 생활을 막막하고 두려운 현장이 아니라, 사명과 성장을 기대할 수 있는 가슴 뛰는 현장으로 마주하기 위해 지금 당신이 실천해야 할 것이 있다면 무엇일까요?

A.

마침 점호

1. 군대는 선교지가 되고, 군 생활은 선교 여행이 될 수 있습니다. 우리는 사회에서나 군대에서나 하나님에게 '부름 받은 사람들'(ecclesia)입니다.

2. 우리는 사회에서 군대로 '보냄 받은 자'로서 국가 안보와 더불어 평화로운 신앙생활을 위한 '청지기'가 될 수 있습니다.

3. 군 생활은 나와 이웃과 미래 세대를 위한 '복된 사명'이 될 수 있습니다.

4. 하나님의 말씀은 세상으로, 또 군대로 보냄 받은 우리가 지켜야 할 '신앙의 기준'입니다.

5. 혼자 하는 군 생활은 '불가능한'(impossible) 임무이지만, 하나님과 함께하는 군 생활은 '모든 것이 가능해'(I'm possible with God)집니다.

함께 드리는 기도

우리를 지으시고, 부르시고, 보내시는 삼위일체 하나님께 영광과 존귀와 찬양을 올려 드립니다. 태초부터 시작된 사랑으로 함께하시는 아버지께 감사드립니다. 십자가의 은혜로 부활의 생명을 주신 예수님께 깊이 감사드립니다. 우리의 발걸음을 진리로 인도하시는 보혜사 성령님께 감사드립니다. 주님, 인생을 살아가면서 수없이 마주하는 우리의 '떠남' 속에서 하나님의 '임재'를 경험하게 하소서. 군대를 선교지로 바라보고, 군 생활을 선교 여행으로 삼을 수 있는 용기와 지혜를 허락하소서. 사회에서나 군대에서나 '부름 받은 자'로서의 정체성을 기억하며 '보냄 받은 자'로서의 사명을 다하게 하소서. 하늘의 뜻을 이 땅에 이루는 '평화의 청지기'가 되어 나와 이웃과 세상을 향한 아버지의 '복된 사명'을 이루게 하소서.

군대라는 낯설고 새로운 환경 속에서도 설렘과 기대의 마음을 품을 수 있는 것은 그 무엇보다 확실하신 '하나님의 말씀'이 있기 때문입니다. 언제, 어디서나 주님과 함께하는 군 생활, 아버지께서 보시기에 심히 좋은 군 생활이 되게 하소서.

모든 것을 가능하게 하시는 예수 그리스도의 이름으로 기도합니다. 아멘!

2.Identity

MILITARY

나는 누구,
여긴 어디?

군대는 나를 찾아오신 하나님을 만나고
그분을 통해 잃어버린 사명을 발견하는 곳입니다.

참고 영상
믿음더하기, <그리스도인의 정체성>
https://www.youtube.com/watch?v=ueqJvxPUilc

추천 찬양
달빛마을, <내 이름 아시죠>
https://www.youtube.com/watch?v=28L42SJbYvw

2. Identity

지난 밤 김 이병과 함께 야간 경계 근무를 마친 최 상병은 김 이병에게서 자살 징후를 발견하고 간부에게 보고했습니다. 확인해 보니 A4용지 10장 분량의 유서가 발견되었습니다. 부대에서는 하루 종일 김 이병의 마음을 되돌려 보려 상담을 했고, 부모님을 부대로 모셔 대화를 나누었으나 별다른 해결책을 찾지 못해 결국 상급 부대 군종목사에게 도움을 요청했습니다.

김 이병의 핵심 문제는 자기 이름이 불릴 때마다 '나는 평생 그렇게 살 수 없을 텐데…'라는 생각이 들면서 괴로움을 느끼는 것이었습니다. 부모님께 이름을 바꿔 달라고 요구도 했지만 허락받지 못했습니다. 이에 '이름이 불릴 때마다 이렇게 괴로워하며 살 바에는 차라리 세상을 떠나는 게 좋겠다'고 결정을 내린 것입니다.

김 이병에게 문제가 된 것은 '자기 정체성'입니다. 매일 불리는 자기 이름이 실제 자신의 모습과는 너무 멀다고 느낀 것입니다. 그래서 다른 사람으로 살고 싶은데, 아니 진정한 자신으로 살고 싶은데 그럴 수 없어서 극단적인 선택을 시도하려고 했던 것입니다. 군종목사와의 상담과 중재를 통해 김 이병은 자신이 오랫동안 마음에 품고 있던 이름으로 개명을 하게 되었고, 부모님과도 화해하게 되었습니다. 물론 극단적인 생각도 내려놓고 건강하게 군 생활을 마무리했습니다. 지금 어디에선가 분명한 자기 정체성을 가지고 건강한 사회 구성원으로, 하나님 나라의 시민으로 살아갈 것이라 생각하니 흐뭇합니다.

이제 각자 자신을 생각해 봅시다. 자신을 설명하는 단어나 문장을 생각한 후 그중에서 가장 중요한 것부터 순서대로 다섯 가지를 적어 봅시다.

나는 _____

나는 _____

나는 _____

나는 _____

나는 _____

> "모세가 하나님께 아뢰되 내가 누구이기에 바로에게 가며 이스라
> 엘 자손을 애굽에서 인도하여 내리이까"(출 3:11).

위기 속에서

구약성경 출애굽기는 이스라엘 백성이 이집트(애굽)에서 탈출하여 하
나님이 약속하신 땅으로 들어가는 과정을 보여 주고 있습니다. 이 책
의 주인공은 겉으로 보기에는 모세지만, 실제 주인공은 하나님이십
니다. 하나님이 행하신 위대한 구원 행위를 소개하고 있는 것입니다.

우리는 '자기 정체성'과 관련하여 모세의 이야기를 읽어 보려 합니
다. 모세는 이집트에 살고 있던 히브리 여인의 아들로 태어났습니다.
이때는 지난 1장에서 살펴본 아브라함의 후손인 야곱의 집안이 이집
트에 정착해서 살기 시작한 지 오랜 시간이 흐른 뒤였습니다. 이집트
총리였던 요셉 덕분에 비옥한 고센 지역에서 안정적으로 살던 아브
라함의 후손들은 크게 번성하여 세력이 커지게 되었습니다. 세월이
흘러 요셉의 존재를 알지 못하는 이집트 왕에게 있어 히브리 민족은
유사시 나라를 위협할 수도 있을 만한 두려움의 대상이 되었습니다

(출 1:8-10).

결국 이집트 왕은 자기 나라에 해가 될 것을 염려하여 히브리 사람들이 아들을 낳지 못하도록 정책을 만들었습니다. 먼저는 히브리인들에게 더 힘들게 노동을 시키도록 했습니다. 실패하자 산파들에게 사내아이는 죽이라고 명령했습니다. 그러나 왕보다 하나님을 더 두려워했던 히브리 산파들은 사내아이를 죽일 수 없었습니다. 히브리 남자 아이들의 출생을 막을 수 없었던 이집트 왕은 태어난 히브리 사내아이를 모두 나일 강에 버려 죽게 하라는 잔인한 명령까지 내렸습니다(출 1:11-22). 이것이 출애굽기 1장이 전하는 모세가 태어날 무렵의 시대적 상황이었습니다. 하나님의 은혜가 아니고는 태어날 수 없는 시기였습니다.

모세는 이런 풍전등화의 위기 가운데 태어났음에도 불구하고 놀라울 정도로 안전한 환경에서 자라게 되었습니다. 어떻게 그럴 수 있었을까요? 3개월 동안 모세를 숨겨 키우던 어머니는 아이를 더 이상 숨길 수 없게 되자 아이를 갈대 상자에 담아 나일 강에 두고는 어떻게 되는지를 살폈습니다. 그때 마침 이집트의 공주가 목욕하러 나일 강으로 나왔다가 갈대 상자를 발견하고는 히브리 남자 아이인 줄 알고도 불쌍히 여겨 그를 왕궁으로 데리고 갔습니다. 이를 지켜보고 있던 모세의 누나가 아이를 위해 히브리 유모를 소개해 주겠다고 하여 어머니를 소개했고, 결국 모세는 이집트 왕궁에서 자신을 낳아 준 어머니의 젖을 먹으면서 자랐습니다(출 2:1-10). 이렇게 히브리 사람 모세는 하나님의 인도와 섭리 가운데서 이집트 왕족으로 자라게 되었습니다.

낯선 땅으로

모세가 장성한 후 왕궁 밖으로 나갔을 때 동족인 히브리 백성이 이집트 사람들에게 고통당하는 것을 목격하는 순간, 그의 내면에 감추어져 있던 히브리 백성이라는 정체성이 터져 나왔습니다. 그는 자신의 동족인 히브리 백성을 학대하던 이집트 사람을 때려죽이고는 모래 속에 감추었습니다(출 2:11-12). 그리고 다음 날, 그는 동족인 히브리 사람끼리 싸우는 것을 말리던 중 어제 일을 사람들이 알고 있다는 사실을 깨닫게 되었습니다(출 2:13-15). 아이러니하게도 자신이 가진 힘으로 동족을 도왔던 일은 히브리인들의 존경을 받기보다 제국의 힘을 가진 자로 인식되어 두려움의 대상이 되었고, 결국 모세가 왕궁에서 빠져나와 광야로 들어가는 계기가 되었습니다. 이집트 사람을 죽였다는 사실이 왕에게까지 전달되었고, 결국 그는 모세를 죽이려고 찾았습니다. 모세는 황급히 도망치듯 왕궁을 떠나 아무도 찾을 수 없는 미디안 광야로 들어갔습니다. 거기에서 그는 그 지역 제사장인 르우엘(이드로, 출 3:1)의 사위가 되어 장인의 양 떼를 먹이는 전혀 엉뚱한 인생을 살아가게 됩니다(출 2:16-22).

모세는 낯선 땅에서 이방인으로 살아가면서 계속 질문했을 것입니다. "나는 누구이고, 여기는 어디인가?", "나는 히브리 사람인가, 아니면 이집트 사람인가? 그도 아니면 나는 미디안 광야에서 떠돌고 있는 나그네에 불과한가?", "나는 노예의 후손인가, 아니면 왕족의 후손인가? 이도저도 아니고 그냥 광야에 숨어 지내는 도망자인가?", "나는 왜 같은 민족인 히브리 사람들 그리고 성장하면서 영향을 받았던 이집트 왕궁을 떠나 지금 이 광야에서 살아가고 있는가?", "나는 정말 누구인가?" 그는 자신의 정체성에 대한 혼란과 질문을 마음속 깊은 곳에 묻어 두고 초야의 양치기로 40년을 살아가고 있었습니다.

찾아오시는 하나님

그렇게 히브리 사람들과 이집트 사람들 모두에게 잊힌 존재로 살아가던 그에게 하나님이 찾아오셨습니다. 양 떼와 함께 매일 지나치던 길이었습니다. 가시떨기 나무에 불이 붙었으나 그 나무가 사라지지 않는 이상한 광경을 목격했습니다. 건조한 사막에서는 강한 열풍이 일으키는 마찰력에 의해 작은 관목류에 불이 붙는 것은 흔한 일이었습니다. 그러나 그 불이 작은 나무를 태우며 금방 꺼지지 않고 계속되는 것은 참으로 신기한 일이었습니다. 모세는 일상 속에서 일어난 이 비범한 현상 속에서 하나님의 음성을 듣게 되었습니다. 그리고 그는 하나님이 누구신지 그리고 자신이 누구인지 확인하게 되었습니다.

하나님은 모세에게, 당신은 히브리 조상의 하나님이며 히브리인들이 고통당하고 있는 것을 다 보고, 듣고 있다고 말씀하십니다. 그리고 그 고통에서 구원하기 원한다고 말씀하십니다. 그러고는 당신의 구원 행위에 모세를 초대해서 함께하자고 말씀하십니다(출 3:1-12). 하나님은 숨어 계신 분이 아니라, 역사의 현장에 모습을 드러내는 분이십니다. 하나님은 우리의 고통에 무심한 분이 아니라, 우리의 고통을 잘 알고 계십니다. 그래서 그 고통 속에서 우리를 구원하려고 계획하고 행동하는 분이십니다. 그리고 사람을 초대해서 당신이 하고자 하는 그 구원 행동에 동참시키는 분이십니다.

하나님 나라 백성

모세는 하나님을 만나고 나서야 자신의 정체성을 분명히 알게 되었습니다. 그는 이집트의 압제로 인해 고통당하다가 사라지고 마는 노예가 아니었습니다. 높은 권세를 가지고 이 세상을 정복하고 지배하는 제국의 왕족도 아니었습니다. 이름도 없이 광야에서 양을 치는 목동도 아니었습니다. 그는 위대하신 하나님의 부름을 받은 사람이요, 하나님이 행하실 놀라운 구원 행위에 초대받은 사람이었으며, 하나님을 대신해서 동족 히브리인들을 이집트의 권세에서 해방시킬 사람이었습니다. 모세는 하나님과의 만남을 통해 자신이 히브리 민족이나 이집트 왕자, 광야에 묻힌 나그네를 넘어서서 하나님 나라에 속한 백성임을 알게 되었습니다. 하나님께 속한 사람, 하나님 나라의 백성으로서, 하나님의 다스림으로 세상을 다스려야 하는 하나님의 동역자임을 알게 되었습니다. 민족 정체성, 국가 정체성을 넘어 영적 정체성을 갖게 된 것입니다.

모세는 하나님을 만나고 새로운 정체성으로 자신을 인식하면서부터 인생의 방향과 목적이 선명해졌습니다. 그는 자신을 더 이상 아무도 모르게 숨어서 지내야 하는 나그네로 여기지 않았습니다. 제국의 힘을 사용할 수 있는 이집트의 권세가로 생각하지도 않았습니다. 히브리 노예의 후손으로 계속해서 힘든 노동의 현장에서 땀을 흘려야 하는 존재도 아니라는 사실을 알게 되었습니다. 그는 하나님께서 행하실 일을 자신의 사명으로 삼고 살아가는 하나님 나라의 시민임을 깨달았습니다. 자신의 힘이 아니라, 하나님의 도우심으로 새로운 일을 수행할 하나님의 동역자가 되었음을 믿게 되었습니다. 그는 하나님의 계획을 알게 되었고, 놀랍게도 하나님의 그 계획 안에 자신이 포함되어 있음을 깨달았습니다. 이제 모세는 자신이 누구인지, 자신이 서 있는 곳이 어디인지 그리고 자신이 왜 지금 그 자리에 서 있는지를 정확히 알게 되었습니다(출 4-6장).

그러자 그는 남은 인생을 하나님이 하시는 일에 동참하며, 하나께 속한 사람으로 살아갔습니다. 그 일은 이집트에서 노예처럼 살아가던 이스라엘 백성을 구원하여 하나님 나라의 백성으로 살아가게 만드는 것이었습니다. 힘없는 노예의 후손도 아니고, 당시 초강대국의 왕족도 아니고, 평범한 양치기도 아닌, 인류 역사를 구원하시는 하나님의 백성, 하나님 나라의 시민, 하나님께 속한 사람으로 살아가게 되었습니다. 그의 나이 80세, 그러나 그는 어느 누구보다도 젊은 패기와 용기로 이집트 왕 앞에 섰습니다. 그러고는 히브리 사람들을 데리고 하나님께서 인도하시는 땅으로 나아갔습니다.

Q. 정체성과 관련하여 모세의 이야기를 통해 배운 것은 무엇입니까?

A.

Q. 당신이 군대라는 미디안 광야로 들어가 하나님을 만난다면, 하나님은 당신에게 무엇이라고 말씀하실 것 같습니까?

A.

Q. 하나님과의 관계 속에서 발견한 당신의 정체성을 표현하는 문장을 채워 보십시오.

나는 _____

_____

_____

나는 _____

_____

_____

Q. 이 장을 처음 시작할 때 적었던 모습과 비교해서 당신의 정체성에 관한 이야기를 나누어 봅시다.

A. _____

_____

_____

저는 군목 임관을 위해 군사 훈련을 받았습니다. 그러나 당시에는 단 한 번도 군목을 저의 정체성과 소명으로 생각해 보지 않았습니다. 참 이기적이게도, 군목은 그저 조금 더 쉽고 편하게 군 생활을 하면서 월급을 잘 모아 유학을 가기 위한 통로였을 뿐입니다. 스물아홉이라는 적지 않은 나이에 군사 훈련을 받는 것은 그리 쉽지 않았습니다. "나는 누구, 여긴 어디?" 이런 질문을 하면서 지내던 어느 날, 교회에서 예배를 드리는데 함께하는 간부들과 그 가족, 사관생도 및 용사들의 지친 모습이 눈에 들어왔습니다. 그러면서 깨지고 상한 그들의 마음이 느껴졌습니다. 저만 힘든 게 아니었습니다.

그러자 군대 안에 교회와 목사가 있다는 사실이 큰 감사로 다가왔습니다. 이런 지친 사람들을 위해 하나님의 말씀을 가르치고 함께 예배하며 상담을 통해 위로하고 격려하는 군종목사가 꼭 필요하다는 생각이 들었습니다. 그리고 며칠 후, 마음속에 이런 음성이 들리는 것 같았습니다. "너, 목사잖아. 네가 목사니까 군대에 오래 남아서 그런 일을 하면 되겠

네." 청천벽력 같은 소리였습니다. 그러나 며칠 못 가서 저는 장기 군목이 되기로 결정했습니다. 이후 군종목사를 정체성과 소명으로 삼고 25년 동안 사역을 하고 있습니다.

Q. 당신이 훈련소에 들어가서 훈련을 받고 있다고 생각해 봅시다. 나도 힘들지만 옆의 동료들도 힘들어 보이고, 나에게 명령하는 교관들과 조교들조차 힘들어 보입니다. 그때 당신에게 위의 목사와 같이 '너, 크리스천이잖아. 네가 이들을 위로하고 격려하고 그들에게 힘을 주어야 하지 않을까?'라는 마음이 든다면 어떻게 하겠습니까? 이런 경험은 당신을 어떤 사람으로 이해하게 만들 것 같습니까?

A.

마침 점호

1. 누구에게나 정체성의 위기는 있습니다. 진정한 정체성의 확립은 '하나님을 만날 때' 가능합니다.

2. 하나님은 흔들리고 방황하는 우리를 외면하지 않고 '우리의 삶의 현장'으로 찾아오십니다. 그리고 당신을 보여 주십니다.

3. '하나님과의 관계 안에서' 인생을 바라볼 때 비로소 내가 누구인지가 선명해집니다. 하나님이 누구이신지를 알면 내가 보이고, 내가 보이면 걸어가야 할 길이 보입니다.

4. 우리는 이 땅에 속한 사람이 아니라, '하나님께 속한 사람'입니다. 예수님이 이 땅에 오셔서 선포하고, 가르치고, 살아냄으로 보여 주신 '하나님 나라의 시민'입니다. 깨지고 망가진 세상 속에서 신음하고 있는 사람들을 구원할 '사명'을 가지고 살아가는 존재입니다.

5. 이러한 정체성을 분명히 확립한다면, 군대 생활 속에서도 하나님 나라의 시민다운 삶을 살아감으로써 힘들고 어려운 전우들에게 '하나님 나라'를 전하고 보여 줄 수 있을 것입니다.

함께 드리는 기도

나를 지으신 하나님, 우리는 "나는 누구이고 여기는 어디인가?", "내가 이 땅에 존재하는 이유와 목적은 무엇인가?"와 같은 질문들을 가득 안고 살아갑니다. 하나님 없이는 이 질문에 대한 답을 찾을 수 없음을 인정합니다.

지금도 우리에게 찾아와 말씀을 건네시는 주님을 바라봅니다. 우리를 불러 당신의 거룩한 나라 시민으로 삼아 주시고, 하나님께서 행하실 위대한 일에 초대하시는 주님을 찬양합니다.

우리가 어디에 서 있든지, 무슨 일을 하든지, 누구와 함께 있든지, 변함없이 하나님 나라의 시민으로, 하나님의 동역자로 살아가게 하소서. 우리가 그리스도 안에 있을 때 가장 나다운 내가 됨을 기억하며 흔들리는 세상 한가운데서 흔들리지 않는 견고한 삶을 살아가게 하소서.

우리를 새로운 존재로 빚어 주신 예수 그리스도의 이름으로 기도합니다. 아멘.

3. Listen

내가 자주 듣는 이야기

'충성'하기 위해 하나님의 말씀에 귀를 기울일 때
우리는 그리스도의 좋은 군사가 됩니다.

참고 영상
스쿨처치, <주님 음성인지 내 생각인지 어떻게 분별하나요?>,
유기성 목사
https://www.youtube.com/watch?v=xxf5DWg2kwM

추천 찬양
어노인팅, <말씀이신 예수>
https://www.youtube.com/watch?v=NYzKn4Lmp7k

3. Listen

대한민국 공공장소에 위치한 남자 화장실 소변기 위에는 유난히 많은 스티커 혹은 각종 안내문이 붙어 있습니다. 예를 들면, "한 발 더 가까이", "아름다운 사람은 머문 자리도 아름답다" 등 사람들의 마음을 자극하는 문구들이 흔히 보입니다. 하지만 누가 뭐래도 가장 유명한 글귀는 이것입니다. "남자가 흘리지 말아야 할 것은 눈물만이 아니다." 아마 하루에도 몇 번씩 마주해야 하는 글귀일지 모릅니다.

대한민국에서 살아가는 남자들은 어려서부터 "남자가 왜 울어?"라는 이야기를 한 번쯤은 듣고 자랐을 가능성이 높습니다. "남자는 평생 세 번만 울어야 해. 태어났을 때, 아버지가 돌아가셨을 때 그리고 나라가 망했을 때." 물론 지금은 이렇게까지 말하지는 않지만, 남자는 강해야 하니 울면 안 된다는 식의 이야기가 여전히 들려옵니다. 이런 소리를 듣고 자란 남자들은, 우는 것은 곧 강인하지 못하고 약해 빠진 것이니 절대로 하면 안 된다는 생각을 갖기도 합니다. 이처럼 어려서부터 부모와 같은 권위자에 의해서 들어 온 소리 그리고 문화적으로 당연하게 여겨지는 소리는 우리에게 큰 영향을 줍니다.

당신에게 요즘 가장 크게 들리는 소리는 무엇인가요? 어떤 사람에게는 TV가 가장 크게 말합니다. 유튜브(YouTube), 넷플릭스(Netflix) 등과 같은 채널이 가장 큰 소리로 작동하는 경우도 많습니다. 즐겨 읽는 책이나 매일 듣는 음악이 무엇인지 확인해 보면 어떤 소리가 가장 크게 들리는지 알 수 있을 것입니다. 우리가 하루 중 가장 오랜 시간을 붙들고 있는 매체를 통해서 우리는 끊임없이 듣고 있습니다. 그리고 단순히 듣는 것으로 끝나지 않고, 그것이 나도 모르는 사이에 생각이 되고, 신념이 되고, 사상이 되고, 세계관이 됩니다. 자주 듣는 이야기가 그 사람을 만드는 것입니다.

Q. 당신이 군대에 대해 들은 이야기는 어떤 것들입니까?

A.

충성! 바이블

"여호와께서 임하여 서서 전과 같이 사무엘아 사무엘아 부르시는지라 사무엘이 이르되 말씀하옵소서 주의 종이 듣겠나이다 하니"(삼상 3:10).

영적인 암흑기

사무엘 시대에 이스라엘은 영적인 암흑기였습니다. 사무엘서는 이런 시대상을 보여 주는 대표적인 이야기로 당대 제사장이었던 엘리 가문을 소개합니다. 비록 제사장 가문이었지만, 그 아들들의 행실은 하나님을 알지 못하는 사람들처럼 보였습니다. 제사장이 따라야 할 하나님의 말씀을 무시하고 자기들 마음대로 제물을 먹고 탈취했습니다(삼상 2:12-17). 또한 회막 문에서 일하는 여인들과 동침하는 악행까지 저질렀습니다(삼상 2:22). 아들들이 하나님의 말씀에 어긋나는 삶을 살았을 때 아버지 엘리 제사장은 그들을 훈계하며 악행을 그치라고 했지만, 그들은 아버지의 말을 듣지 않았습니다(삼상 2:23-25).

제사장 가문의 타락 이야기는 단순히 그 가문만의 이야기가 아니라, 이스라엘이 전반적으로 그렇게 부패했다는 사실을 보여 줍니다.

아버지의 말을 무시하고 자기 마음대로 행동하던 그들의 모습은 하나님의 말씀을 소중히 여겨 순종하는 사람이 매우 적었다는 당시의 상황을 대변하고 있습니다. 하나님의 말씀을 온전하게 전하는 사람도 거의 찾아보기 힘들었던 것으로 보입니다. 성경은 사무엘의 어린 시절 이스라엘의 영적 상태를 이렇게 묘사합니다.

"여호와의 말씀이 희귀하여 이상이 흔히 보이지 않았더라"(삼상 3:1).

이와 같이 하나님의 사람들은 타락했고, 아무도 하나님의 말씀 따위는 신경 쓰지 않고 자기가 주인이 되어 마음대로 살던 영적으로 어두운 시대였습니다. 그러나 하나님은 한 가문을 선택해서 당신의 말씀에 귀 기울이고 그 말씀대로 이스라엘을 다스릴 한 사람을 준비시키고 계셨습니다.

에브라임 사람 엘가나에게는 두 아내가 있었습니다. '브닌나'라는 아내에게는 자식이 있었고, '한나'라는 아내에게는 자식이 없었습니다. 엘가나는 자식이 없는 한나를 더 사랑했고, 여기에 질투를 느꼈던 브닌나는 한나가 아이가 없는 것을 이유 삼아 괴롭혔습니다. 엘가나 가정은 매년 제사를 드리러 실로에 올라갔는데, 한번은 한나가 제사 후에 하나님께 큰 소리로 울면서 아들을 주시면 하나님께 바치겠다는 서원 기도를 드렸습니다. 하나님은 한나의 기도를 듣고 아들을 잉태하게 하셨습니다(삼상 1장).

들으시는 하나님

간절한 기도로 아들을 낳은 한나는 '하나님께서 들으셨다'라는 의미를 담아 사무엘이라고 이름 짓고, 젖을 떼자마자 아들을 하나님께 드렸습니다. 사무엘은 엘리 제사장에 의해 성소에서 자라게 되었습니다. 사무엘은 어려서부터 제사장의 옷인 세마포 에봇을 입고 성소에서 여호와를 섬겼습니다. 사무엘은 엘리의 아들들을 대신해서 이미 제사장의 직무를 행하고 있었던 것으로 보입니다. 민수기(4:3, 23, 8:24-26)에 의하면, 아론의 후손은 30세가 되어야 제사장이 될 수 있었습니다. 25세부터 성전에서 일할 수 있었고, 20세부터 견습생으로 훈련을 받았습니다. 그러나 사무엘은 나실인*으로 하나님께 드려진 사람이었기 때문에 그 이전부터 제사장 역할 혹은 견습생 생활을 했던 것으로 보입니다.

사무엘은 자라면서 하나님과 사람들에게 은총을 받았습니다(삼상 1:19-28). 마치 예수님께서 자라면서 "하나님과 사람에게 더욱 사랑스러워 가시더라"(눅 2:52)라고 한 누가의 기록과 비슷합니다. 하나님께 드려진 존재로서 성소에서 자랐고, 어려서부터 세마포 에봇을 입고 제사장의 역할을 배우고 수행했다는 것은 그가 하나님의 말씀을 듣

● '구분(구별)된 자'라는 뜻으로, 일평생 혹은 특별한 헌신을 위해 세상과 단절하고 스스로를 구별하여 하나님께 자신을 봉헌한 자를 말합니다. 평생을 나실인으로 살았던 사람에는 사사 삼손(삿 13:5), 사사이며 선지자인 사무엘(삼상 1:28), 레갑 자손(렘 35:6), 세례 요한(눅 1:15) 등이 있습니다.(《라이프 성경사전》참고).

고 배우면서 그분의 말씀 안에서 자랐다는 것을 의미합니다. 그 결과 사무엘은 하나님과의 관계에서뿐만 아니라, 사람들과의 관계에서도 건강하게 성장하고 성숙했습니다. 하나님의 말씀을 무시하는 엘리 제사장의 아들들의 불량함과 부패함이 커져 갈수록 그에 대한 하나님의 심판이 임하는 것과는 대조적으로, 성소에서 하나님의 말씀을 따라 하나님을 섬기는 사무엘의 순종과 그에 합당한 하나님의 축복과 은총이 선명하게 드러나고 있습니다.

제사장 엘리의 눈은 점점 어두워져 갔습니다. 이는 이스라엘에 영적인 어둠이 점점 더 짙어 가고 있음을 시사합니다. 하나님의 말씀이 잘 전달되지 않았으니 듣지 못하는 것은 당연했습니다. 마치 "양식이 없어 주림이 아니며 물이 없어 갈함이 아니요 여호와의 말씀을 듣지 못한 기갈이라"(암 8:11)라는 아모스의 말씀이 들리는 듯합니다. 영적 갈망의 시대, 영적 기근의 시대를 묘사합니다. 음식이 아무리 풍족하게 있어도, 물이 아무리 많이 있어도 하나님의 말씀이 없으면, 하나님의 이상이 보이거나 들리지 않으면 심각한 허기와 갈증이 생기는 것입니다. 우리는 예수님의 말씀처럼 떡으로만 사는 사람이 아니라, 하나님의 입으로부터 나오는 말씀으로 살아가는 사람들이기 때문입니다(마 4:4; 눅 4:4). 크리스천들은 하나님의 말씀을 듣지 않고서는 제대로 살아갈 수 없습니다.

듣는 사무엘

바로 이런 영적 암흑기에 하나님은 사무엘을 부르셨습니다. 엘리와 함께, 엘리를 도와 성전에서 하나님을 섬기던 사무엘은 하나님의 궤가 있는 여호와의 전 안에 누웠을 때 자신을 부르는 소리를 들었습니다. 처음에는 엘리 제사장이 부르는 줄 알고 그에게 갔으나, 엘리 제사장은 자신이 부른 것이 아니라는 말을 합니다. 같은 일이 세 번 반복되자, 엘리 제사장은 하나님께서 사무엘을 부르신다는 것을 깨닫고 알려 줍니다. 드디어 네 번째 소리가 들리자 사무엘은 엘리 제사장이 가르쳐 준 대로 "말씀하옵소서 주의 종이 듣겠나이다"라고 하나님께 대답했습니다. 그러자 타락한 엘리 제사장 가문을 심판하시겠다는 하나님의 음성이 들려왔습니다(삼상 3:1-14). 하나님의 말씀에 귀를 기울이지 않는 가문을 대신해서 하나님의 음성에 믿음으로 반응하는 사무엘을 영적인 지도자로 세우시려는 하나님의 계획을 알 수 있습니다.

"말씀하옵소서 주의 종이 듣겠나이다"라는 말씀에서 몇 가지 중요한 사실을 배울 수 있습니다. 첫째, 우리가 귀를 기울여야 할 대상은 하나님이라는 사실입니다. 우리 귀에는 수많은 소리가 들립니다. 그런데 그 소리들은 결국 하나님의 말씀과 세상의 이야기로 나눌 수 있습니다. 하나님 나라의 시민으로서 마땅히 살아가야 할 삶의 원리를 말씀하시는 하나님께 귀를 기울일 때 우리는 믿음의 사람으로 살아갈 수 있습니다.

둘째, 듣는다는 것은 귀로만 듣는 것이 아니라 그 말씀을 이해한다는 것입니다. 귀가 있어 소리를 듣는 것은 청력의 문제입니다. 건강상의 문제가 아니라면, 귀가 있는 사람이라면 모두 들을 수 있습니다. 이것은 귀가 그 기능을 다하는 것입니다. 하지만 귀가 건강해서 주변에서 들려오는 소리를 듣는 수준이 아니라, 소리를 듣고 그 의미를 이해하는 것이 더 중요합니다. 영어 시험에서 듣기 평가는 'hearing test'라 하지 않고 'listening test'라 합니다. 청력 테스트가 아니라 이해를 위한 테스트입니다. "내가 듣겠습니다"라는 말은 '이해하려고 노력하겠다'라는 의미입니다. 무수히 많은 설교를 듣고 성경을 몇 번씩 반복해서 읽어도 이해하지 못하면 헛수고입니다.

셋째, 이해하는 것에서 한 걸음 더 나아가 말씀을 따라 살아가겠다는 결단입니다. 이해의 목적은 그대로 살아가기 위함입니다. 하나님의 말씀이 이해되었다면, 그대로 살아가야 합니다. 순종이 핵심입니다. 아버지의 말씀을 듣고 순종하겠다고 대답했으나 실천하지 않는 아들과 싫다고 대답했으나 말씀대로 행한 아들의 이야기를 들려주신 예수님의 말씀(마 21:28-31)이 바로 순종의 문제를 다루고 있습니다. 귀로 듣고 이해하고 대답을 하는 것에서 그치는 것이 아니라, 말씀대로 행하는 삶이 하나님 나라 시민들의 삶의 방식입니다.

들어야 할 소리

아무도 하나님의 말씀에 주목하지 않던 시대, 심지어 성전에서 하나님을 섬기던 제사장 가문도 하나님의 말씀을 무시하던 시대에 하나님은 새로운 지도자를 준비하고 계셨습니다. 그는 영적 암흑의 시대에 어머니의 기도로 태어났고, 젖을 뗀 이후부터는 줄곧 성전에서 자랐습니다. 성전에서 자랐기 때문에 하나님의 말씀을 늘 들었을 것입니다. 세상의 가치보다 하나님 나라의 가치를 더 자주, 더 크게 들었을 것입니다. 그 결과 하나님은 사무엘을 통해 이스라엘 역사를 이끌어 가셨습니다. 하나님은 말씀을 듣고 순종하는 사람을 통해 일하십니다.

성경은 하나님의 말씀을 들을 수 있는 가장 좋은 매체입니다. 당신에게는 성경이 얼마나 크게 들립니까? TV나 유튜브나 넷플릭스 같은 채널보다, 그 어떤 책이나 음악보다, 어떤 영향력 있는 사람의 말보다, 성경을 통해 하나님의 말씀을 듣고 순종하는 것은 하나님의 자녀이기에 누릴 수 있는 특권이며 축복입니다. 무엇보다 하나님 나라의 시민답게 살아갈 수 있는 가장 좋은 길입니다. 이렇게 좋은 길을 함께 걸어 보지 않겠습니까?

Q. 당신이 하나님의 말씀을 듣는 방법 또는 매체는 무엇입니까?

A. _____

_____

_____

Q. 하루 24시간, 1주일 168시간 중에서 당신이 하나님의 말씀에 귀를 기울이고 듣는 시간은 얼마나 됩니까? 만약 늘리고 싶다면 얼마나, 또 어떻게 늘리기를 원합니까?

A. _____

_____

_____

Q. 사무엘 이야기를 통해 하나님은 군 생활에 대해 당신에게 무엇을 말씀하고 계신지 먼저 들어 봅시다. 그리고 함께 나누어 봅시다.

A. _____

_____

_____

군대에서 가장 중요한 덕목 중 하나는 '충성'(忠誠)입니다. 이 단어의 한 자를 풀어서 그 의미를 살펴볼까요? '충'(忠)은 가운데 '중'(中)자와 마음 '심'(心)자가 결합되어 생긴 단어입니다. 그러므로 '충'(忠)은 '마음의 중심을 다하여', '온 마음을 다하여', '정성을 다하여'라는 말로 읽을 수 있습니다. '성'(誠)은 말씀을 뜻하는 '언'(言)자와 이루어지다는 의미의 '성'(成)자가 합쳐진 단어입니다. '말씀이 이루어지다'라고 해석이 가능합니다. 결국 '충성'(忠誠)은 '마음의 중심을 다하여 말씀을 이루는 일'이라고 할 수 있습니다. 그런데 충성하기 위해서는 먼저 잘 듣는 일이 중요합니다. 군대에서 지휘관°은 자신의 명령에 주목하는 사람, 잘 듣는 사람에게 중요한 임무를 맡깁니다.

중대장 김 대위는 분대장들에게 "오늘 오후 4시까지 중대장실로 집합"을 명령했습니다. 그런데 3시에 분대장 한 명이 중대장실을 찾아와 노

° 군대에서 합법적인 권한을 가지고 부대를 지휘하고 통솔하는 대표를 뜻하는 말입니다. 군대만이 아니라 경찰서의 중견 간부들도 지휘관이라는 표현을 사용하며, 소방관들도 화재 진압을 지휘하는 소방 지휘관을 둡니다. 즉, 위기 상황에 대비해서 명령 체계로 움직이는 조직에는 그 작전을 지휘하는 지휘관이 있거나 비슷한 역할을 하는 직급이 있습니다.

크를 했습니다. 시간을 3시로 알아들은 것입니다. 또 오후 4시가 되었는데 분대장 두 명이 도착하지 않았습니다. 나중에 확인해 보니 이들은 오늘이 아니라 내일로 알고 있었습니다. 세 명의 분대장이 중대장의 명령을 제대로 듣지 못한 것입니다. 명령을 제대로 듣지 못하니, 그 명령을 따를 수조차 없게 된 것입니다.

Q. 그리스도의 좋은 군사로서 하나님께 충성하기 위해서는 잘 듣는 것이 중요합니다. 하나님의 말씀을 잘 듣기 위한 시간을 얼마나, 또 어떻게 사용할 수 있는지 계획해 봅시다.

A.

마침 점호

1. 하나님은 영적인 위기의 시대에 당신의 '말씀에 귀를 기울이는' 사람을 사용하십니다.

2. 말씀을 듣는 것은 단순히 귀로 듣는 것이 아니라, 그 말씀을 '이해하고' 그 말씀대로 '살아가는 것'을 의미합니다.

3. '성경'은 하나님의 말씀을 듣는 가장 좋은 매체이며, 우리에게 하나님의 말씀을 들을 수 있도록 허락하신 '가장 귀한 선물'입니다.

4. 성경을 읽는 것은 크리스천들이 누리는 '특권'입니다. 하나님의 말씀을 잘 듣는 일에 '시간과 에너지'를 사용하는 것이 필요합니다.

5. 어떤 소리를 듣고 살아가는지가 '인생의 차이'를 만듭니다.

함께 드리는 기도

주님, 우리의 귀를 열어 주소서. 수많은 잡음이 우리 귀를 오염시키는 세상 속에서 귀를 쫑긋 세우고 주파수를 바로잡아 주님의 음성이 깨끗하게 들리게 하소서.

주님, 우리의 눈을 열어 주소서. 수많은 가짜들이 우리 눈을 현혹시키는 세상 속에서 눈을 똑바로 뜨고 주님이 행하시는 일을 보게 하소서.

주님, 우리의 귀와 눈을 열어 주소서. 주님의 음성을 분별하고 주님의 행하심을 바라보면서 오직 하나님께만 충성하는 그리스도의 군사로 살게 하소서.

"내 양은 내 음성을 들으며 나는 그들을 알며 그들은 나를 따르느니라"(요 10:27)라는 말씀을 기억하며 오직 주님만을 신뢰합니다. 우리의 인생을 인도하소서.

선한 목자 되시는 예수 그리스도의 이름으로 기도합니다. 아멘.

4.Influence

위치 에너지?
운동 에너지!

하나님 나라의 충성된 용사는 성실, 신실, 용서의 삶을 위해
믿음으로 무장되어야 합니다.

참고 영상
tvN 리틀빅히어로, <임정택 편>
https://www.youtube.com/watch?v=3yW7psYfgzQ

추천 찬양
나무엔, <선한 능력으로>
https://www.youtube.com/watch?v=h0sWKvPG04k

4. Influence

시작 점호

훈련소 혹은 신병 교육대에서 5주 군사 훈련을 마치고 나면 자대 추첨을 합니다. 18개월 동안 군 복무를 감당해야 하는 부대가 결정되기에 숨 막히게 떨리는 순간입니다. 그래서 많은 형제가 전날 밤 좋은 부대에 가게 해 달라고 마음을 모아 기도합니다.

박 훈련병은 어떤 부대가 좋은 부대일까를 생각해 보았습니다. '집이 가까운 부대? 임무가 위험하지 않고 안전한 부대? 복지 시설이 잘 되어 있는 부대? 도심지에 위치한 부대? 아는 사람이 근무하고 있는 부대?' 박 훈련병은 앞서 언급한 조건들을 열거하며 어느 때보다 간절히 기도했습니다. 그런데 결과는, 간절히 기도한 내용과는 단 하나도 일치하지 않는 그야말로 최악이라고 생각했던 부대입니다. 주변 동기들은 자신들이 바라던 부대에 가게 되었다고 좋아하고, 함께 훈련소 교회에 다녔던 이들은 기도 응답받았다고 행복해합니다. 박 훈련병은 '왜 나에게만 안 좋은 일이 생긴 걸까?' 하는 억울한 마음, '하나님은 나를 사랑하지 않으시는 걸까?' 하는 속상한 마음이 들었습니다.

정 이병은 운전병입니다. 아침 점호를 마치고 수송관*이 본부근무

* 군대의 보직으로, 수송 부대에서 수송과 관련된 업무를 전담하는 담당관을 말합니다.

대 창고에 청소 도구가 있으니 수송부 행정반 청소를 하라고 지시했습니다. 정 이병은 지시대로 본부근무대 창고에 도착했습니다. 하지만 창고에 있어야 할 청소 도구들이 보이지 않았습니다. 창고의 구석구석을 살펴보았지만 도무지 찾을 수 없었습니다. 나름 할 만큼 했습니다. 그러고는 어쩔 수 없다고 생각하며 수송부로 돌아왔습니다. 일과를 마칠 때쯤 수송관이 청소하지 않은 것에 대해 화를 냈습니다. 창고에 청소 도구가 없었고, 최선을 다해 찾았지만 찾을 수 없어서 못 했다고 말했으나 왜 물어보지 않았느냐고 다시 질책을 합니다. 정 이병은 억울하고, 수송관이 이상한 사람이라고 생각했습니다. 그리고 앞으로 군 생활을 어떻게 해야 할지 걱정이 되기 시작했습니다.

Q. 박 훈련병처럼 간절히 기도했으나 뜻대로 되지 않았던 경험이 있습니까? 당신은 그럴 때 어떻게 반응했습니까?

A.

Q. 정 이병의 향후 군 생활을 위해 조언을 해 준다면 어떤 말을 해 줄 수 있을까요?

A.

"요셉은 무성한 가지 곧 샘 곁의 무성한 가지라 그 가지가 담을 넘었도다"(창 49:22).

영향력 있는 삶

'영향력'(influence)이란 한 사람(또는 집단)이 다른 사람(또는 집단)의 태도, 가치관, 지각, 행동 등에 변화를 가져오도록 만들 수 있는 힘의 총량을 뜻합니다. 때때로 이 말은 '권력'(power)과 동의어로 쓰이기도 합니다. 하지만 영향력과 권력에는 많은 차이가 있습니다. 영향력은 개인의 신념과 행동에 영향을 미치는 능력으로 정의할 수 있으며, 존경심을 불러일으키는 힘입니다. 반면 권력은 무언가를 할 수 있는 권한으로 정의할 수 있으며, 두려움을 이용해서 특정 목표를 달성하는 힘입니다. 영향력은 지위고하와 관계없이 어느 구성원이든 발휘할 수 있지만, 권력은 높고 낮음에 따라 발휘됩니다. 군대는 영향력과 권력의 차이를 극명하게 경험할 수 있는 '배움의 장(場)'입니다.

군대는 '상명하복'●의 위계질서가 존재하는 계급 사회입니다. 눈

● 위에서 명령하면 아래에서는 복종한다는 뜻으로, 상하 관계가 분명함을 뜻하는 말입니다.

에 보이는 계급장과 견장˙은 각 사람의 직위와 권한을 알게 해 줍니다. 즉 권력이 확연하게 눈에 드러나며, 권력에 의한 명령과 복종이 이루어져야 하는 사회입니다. 그런데 권력을 행사하는 것과 영향력을 발휘하는 것은 분명히 차이가 있습니다. 권력은 주어지는 것이지만, 영향력은 개인의 기질과 성품 그리고 실력에 의해 발휘되기 때문입니다. 성경은 크리스천이 영향력을 발휘하는 것이 미덕이라고 말합니다. 예수님은 "너희는 세상의 소금 … 너희는 세상의 빛"(마 5:13-14)이라며 세상에 맛을 내고 빛을 비추는 우리의 착한 행실을 보고 하늘에 계신 아버지께 영광을 돌리게 하라고 말씀하십니다. 그래서 크리스천의 기도 제목에는 늘 '빛과 소금이 되는 삶을 살게 하소서'가 있습니다.

성경에는 빛과 소금이 되는 영향력 있는 삶을 살아간 사람들이 나옵니다. 그중에 한 사람이 요셉입니다. 창세기 49장 22절은 요셉의 아버지 야곱이 노년에 유언처럼 전하는 기도입니다. 이 기도에는 요셉이 살아왔던 삶에 대한 평가가 담겨져 있습니다. "요셉은 무성한 가지 곧 샘 곁의 무성한 가지라 그 가지가 담을 넘었도다"(창 49:22). 이 본문은 세 가지를 알려 줍니다. 첫째, 요셉은 무성한 가지입니다. 둘째, 요셉은 샘 곁의 무성한 가지입니다. 셋째, 그 가지가 담을 넘었습니다. 이 세 가지는 요셉이 인생을 살아온 결과입니다. 우리는 이러한 요셉의 삶을 통해 영향력 있는 삶을 살아갈 수 있는 원리를 살펴볼 수 있습니다.

● 군인, 경찰관 등이 제복의 어깨에 붙이는, 직위나 계급을 밝히는 상징물입니다.

성실하게 살기

첫째, 영향력 있는 삶의 원리는 '성실'(diligence)입니다. 요셉은 '무성한 가지'라고 했습니다. 무성하다는 말은 풀이나 나무 따위가 자라서 풍성해진 모습입니다. 이처럼 그가 풍성한 삶을 살게 된 배경에는 그의 성실한 삶의 태도가 있었습니다. '성실'(誠實)의 사전적 의미는 "정성스럽고 참됨"(표준국어대사전)입니다. 이는 '매사에 허투루 하는 것 없이 진심을 담아 정성스럽게 일하다'라는 뜻입니다. 창세기 37장 12-17절을 보면 요셉이 아버지의 심부름을 한 이야기가 나옵니다. 요셉은 형들이 양을 치고 있던 세겜이라는 지역까지 가야 했습니다. 세겜은 주변 민족들의 위협으로 인해 가기 껄끄럽고, 두려운 장소였습니다. 그렇지만 목축을 위해서는 갈 수밖에 없는 장소였습니다. 결국 요셉은 야곱의 지시에 순종했고, 고향인 헤브론에서 세겜까지 80킬로미터를 찾아갔습니다. 그런데 막상 세겜에 도착하고 보니 형들이 다른 곳으로 이동한 상태였습니다. 이런 경우에는 어떻게 해야 할까요?

선택지는 두 가지입니다. 1안은 아버지의 말씀대로 했으니 다시 집으로 돌아가는 것입니다. 2안은 아버지가 형들을 살펴보라고 하셨으니 형들을 찾아가는 것입니다. 그는 과연 어떤 선택을 했을까요? 요셉은 아버지의 지시를 이루기 위해 세겜에서 도단까지 30킬로미터를 더 이동해서 형들을 찾아갔습니다. 요셉은 '하고 싶은 일'(want)

만이 아니라 '해야만 하는 일'(must)을 하고, '하는 데'(do) 그치는 것이 아니라 '해내는'(accomplish) 삶의 태도를 가졌던 것입니다. 군 생활은 성실의 정도를 가늠할 수 있는 리트머스 시험지입니다. 성실은 크리스천의 구별됨과 영향력을 드러내는 시약이 됩니다. '하고 싶은 일'이 아니라 '해야만 하는 일'을 하는 의무 복무라는 환경은 개인의 자발성과 자율성을 매우 성실하게(?) 무너뜨립니다. 따라서 성실한 크리스천은 빛과 소금처럼 드러납니다. 또한 '해야만 하는 일'(must)을 '하고 싶은 일'(want)로 바꿔 내는 삶은 '무성한 가지'라는 결과를 가져오게 합니다.

신실하게 살기

둘째, 영향력 있는 삶의 원리는 '신실'(integrity)입니다. 요셉은 '샘 곁의 무성한 가지'였습니다. 요셉은 이력서를 내면서 살았던 인물이 아닙니다. 구덩이 속으로, 노예와 죄수로 '던져진 삶'을 살아야만 했습니다. 하지만 그의 삶의 모습은 '던져진 삶'이 아니라 '보내진 삶'이었습니다. 요셉과 함께했던 사람들은 이렇게 고백했습니다. "여호와께서 그와 함께하심을 보며 또 여호와께서 그의 범사에 형통하게 하심을 보았더라"(창 39:3, 23). 요셉이 보내진 곳마다 하나님의 일하심이 드러났습니다. 그리고 후에는 요셉 자신도 형들과 재회했을 때, 하나님께서 자신을 먼저 보내셨다고 고백하고 있습니다(창 45:5, 7). 멋지지 않습니까? 그는 어떻게 이러한 삶을 살 수 있었을까요? 그것은 바로 요셉에게 샘이 있었기 때문입니다. 요셉은 늘 샘 곁에 있었습니다. 그 샘은 바로 하나님이십니다.

이러한 요셉의 삶을 라틴어로 '코람데오'(Coram Deo)라고 합니다. 이를 한자로는 '신전의식'(神前意識), 우리말로는 '하나님 앞에서'라고 합니다. 그는 자신의 주인이었던 보디발 장군의 부인이 유혹했을 때, "내가 어찌 이 큰 악을 행하여 하나님께 죄를 지으리이까"(창 39:9)라고 고백하며 죄를 범하는 자리를 떠났습니다. 그는 사람들이 알아줄 때나 그렇지 않을 때나 늘 변함없는 모습을 지녔습니다. 용모가 빼어나고 실력을 인정받아도 겸손함을 잃지 않았으며, 보디발의 아내의 유혹 앞에서도 타협하지 않았습니다. 그러한 그의 삶에서 사람들은 하나님의 임재를 보았던 것입니다. 제임스 패커(James Packer)는, "하나님이 우리와 함께하신다는 임재의식이야말로 우리의 평범한 삶, 고단한 삶을 일순간에 경이로운 삶으로 바꾸는 길이다"라고 했습니다. 요셉은 그의 삶을 통해 선한 영향력을 발휘했습니다.

골로새서 3장 23절은 크리스천의 삶의 자세를 알려 줍니다. "무슨 일을 하든지 마음을 다하여 주께 하듯 하고 사람에게 하듯 하지 말라"(골 3:23). 그래서 마틴 루터 킹(Martin Luther King Jr.) 목사는 이렇게 말했습니다. "그것이 무엇이든 우리는 자신이 평생을 바쳐 온 일을 멋지게 해내야 합니다. 모두에게 특별하고 전문적인 일이 요구되는 것은 아닙니다. 극소수의 사람만이 과학과 예술의 천재라는 정상에 오릅니다. 다른 많은 사람은 공장과 밭, 거리에서 노동해야 합니다. 하지만 이 세상에 중요하지 않은 일은 없습니다. 인류에게 보탬이 되는 모든 노동은 존엄하고 중요한 것입니다. 누군가에게 거리를 청소하는 일이 맡겨진다면 그는 미켈란젤로가 그림을 그리고, 베토벤이 교향곡을 작곡하고, 셰익스피어가 시를 쓰듯 청소해야 합니다. 너무 깨끗이 청소해서 천사들이 발걸음을 멈추고 이렇게 말해야 합니다. 여기, 자기 일을 훌륭히 해낸 위대한 청소부가 살았다고." 이러한 신실한 삶은 국방부 시계가 돌아가기만을 바라는 수동적 군 생활을 하는 사람들의 삶과 확연히 구별됩니다. 그리고 이 구별됨은 '던져진 곳인 군대'를 '보내진 곳, 부르심의 자리'로 바꾸며, '확률에 근거한 삶'을 '확신 있는 삶'으로 살게 합니다. 그것이 바로 형통한 삶입니다.

용서하며 살기

셋째, 영향력 있는 삶의 원리는 '용서'(forgiveness)입니다. 요셉은 '담을 넘은 가지'입니다. 요셉의 형통은 본인에게만 머물러 있는 고인물이 되지 않았습니다. 그의 형통한 삶은 흐르는 물이 되어 주변 사람들과 가족들에게까지 영향을 미쳤습니다. 그러한 삶의 절정은 '용서'입니다. 창세기 45장 5절에서 요셉은 자신을 노예로 팔아 버리고, 총리가 된 자신 앞에서 두려워 떨고 있는 형제들에게 선언합니다. "당신들이 나를 이곳에 팔았다고 해서 근심하지 마소서 한탄하지 마소서 하나님이 생명을 구원하시려고 나를 당신들보다 먼저 보내셨나이다"(창 45:5). 당시 요셉은 이집트의 총리이고, 그의 형들은 흉년으로 인해 먹을 것을 구하러 온 이방인들이었습니다. 요셉은 갑이고, 그의 형들은 을입니다. 게다가 요셉은 그의 형들에게 버림받고 상처 받았던 과거 이력이 있습니다. 갑을 관계가 역전되었을 때 어떤 일을 할 수 있을까요?

두 가지 선택지가 있습니다. 하나는 복수이고, 다른 하나는 용서입니다. 요셉은 용서를 선택합니다. 왜냐하면 그는 자신의 시각이 아닌 하나님의 시각으로 자신의 인생을 해석했기 때문입니다. 복수는 기회를 빼앗아 가지만, 용서는 기회를 제공합니다. 복수는 사람들에게 공포를 주지만, 용서는 사람들에게 감동을 줍니다. 복수는 권력에 의한 것이지만, 용서는 영향력에 근거합니다.

군 생활을 하면서 '보상 심리'(報償心理, compensation mentality)라는 말을 자주 듣게 됩니다. 용사들 간 갈등의 뿌리에는 '내가 일병일 때는 이만큼 힘들었으니, 너희들도 당해 봐야 한다'는 심리가 있습니다. 일반적으로 힘겨운 군 생활 속에서 '피해 의식'이라는 입구로 들어온 마음은 건강하게 관리되지 못한 경우 '보상 심리'라는 출구로 나와서 행동으로 표출됩니다. 그리고 이러한 행동은 단체 생활을 하는 대부분의 용사들이 보여 주는 모습입니다. 하지만 이와 달리 보상 심리를 극복하며 부정적 환경을 적극적으로 개선하는 이들이 있습니다. 큰 일은 아니어도 작은 변화를 시도하며, 병영 생활이 이전보다 조금 더 나아지게 하는 이들입니다. 이러한 삶은 자신을 아프게 하고 힘겹게 한 조직을 그리고 사람을 용서하는 데서부터 시작됩니다.

영향력, 위치 에너지를 운동 에너지로!

영향력은 권력과 구별됩니다. 군대를 수력 발전소에 비유해 본다면 권력은 위치 에너지이고, 영향력은 운동 에너지입니다. 위치 에너지는 힘을 가지고 있다는 의미만 내포하고 있지만, 운동 에너지는 동력으로 작용하고 불을 켜 어둠을 밝히며 변화를 일으킵니다. 군 생활을 하며 영향력을 발휘하는 방법은 '성실'(diligence), '신실'(Coram Deo), '용서'(forgiveness)입니다. 이러한 삶의 태도는 선한 영향력을 미치는 빛과 소금이 되는 거룩한 삶의 열매를 맺습니다. 군 생활은 단절된 삶으로 '던져진' 수용소가 아니라, 영향력 있는 삶을 위해 '보내진' 실험장입니다.

Q. 앞의 글을 읽고 새롭게 깨달은 점이 있습니까? 함께 나누어 봅시다.

A. _____

_____

Q. '해야만 하는 일'(must)을 '하고 싶은 일'(want)로 바꿀 수 있는 방법은 무엇일까요?

A. _____

_____

Q. '성실', '신실', '용서'를 통해 영향력을 발휘한 인물이나 사례가 있습니까? 함께 나누어 봅시다.

A. _____

_____

어서와~ 군대는 처음이지?

"내가 이등병, 일병일 때는 당했는데 왜 우리 다음 세대 들어오는 애들은 일, 이등병 때가 내 때와는 완전 다르지? 개편하네? 와 배가 아파 못 살겠다! 쟤들도 똥고생 해봐야 하는데···. 우리들한테 우리가 당했던 것처럼 똑같이 갈굼 먹어봐야 하는데···."

[출처: 나무위키('보상심리' 4.1. 예시)]

Q. 위와 같은 생각을 하는 이유는 무엇일까요?

A.

Q. 위와 같은 생각을 하고 있는 크리스천 동기가 있다면, 당신은 어떤 조언을 해 줄 수 있을까요?

A.

마침 점호

1. 권력은 주어지는 것이지만, 영향력은 개인의 기질과 성품 그리고 실력에 의해 발휘되는 것입니다.

2. 요셉을 통해 배우는 영향력 있는 삶의 자세는 '성실'(diligence), '신실'(coram Deo), '용서'(forgiveness)입니다.

3. '성실'은 상황에 관계없이 '해야만 하는 일'(must)을 '하고 싶은 일'(want)로 바꾸는 태도입니다.

4. '신실'은 환경의 변화에 관계없이 '하나님 앞에서' 자신의 삶을 한결같이 감당하는 태도입니다.

5. '복수'는 권력을 이용해서 기회를 빼앗는 길이지만, '용서'는 기회를 제공하는 선한 영향력을 발휘하는 통로입니다.

6. 군대는 영향력을 배우고 익히며 실천하는 실험장입니다.

함께 드리는 기도

선한 목자가 되어 주시는 하나님! 우리를 빛과 소금으로 불러 주셔서 세상 가운데 빛을 비추고, 맛을 내는 삶의 소망을 주심에 감사드립니다. 이러한 소망이 18개월의 군 복무 가운데 이루어지길 원합니다.

군 생활이 막막하게 '던져진 삶'이 아닌, 선한 영향력을 배우고 전하기 위해 '보내진 삶'임을 알게 하소서. 이력서를 내며 자신이 원하던 삶을 산 것이 아니라, 자신에게 주어진 삶을 살아야 했던 요셉의 삶에서 배우게 하소서.

'무성한 가지'의 삶을 살게 하는 '성실'을 통해 '하고 싶은 일'이 아닌 '해야만 하는 일'을 하며, 원하는 삶이 아닌 '해야만 하는 일'을 '하고 싶은 일'로 바꾸며 열매 맺는 삶을 살게 하소서. '샘 곁의 무성한 가지'의 삶을 살게 하는 '신실'을 배워, '코람 데오'(Coram Deo)의 삶으로 평범하고 고단한 삶을 경이로운 삶으로 바꾸어 곁에 있는 이들이 하나님의 함께하심과 형통케 하심을 보게 하소서. '그 가지가 담을 넘었도다'라고 한 것처럼 '고인물'로 썩어 가는 삶이 아닌, '흐르는 물'이 되어 용서하는 삶을 살아가게 하소서.

군 생활이 캄캄한 광야가 아닌, 하나님의 연단 학교요, 선한 영향력을 배우고 전하는 실험장임을 알게 하시어 성공적인 군 생활이 되게 하소서.

예수 그리스도의 이름으로 기도합니다. 아멘.

MILITARY

5.Training

광야에서
내 영혼 벌크 업!

이스라엘에게 광야가 연단의 시간이었다면,
청년에게 군대란 성숙과 성장의 시간입니다.

참고 영상
잘잘법, <인생 80년 살고 깨닫게 된 '고난이 곧 복이 되는 까닭'>,
박영선 목사
https://www.youtube.com/watch?v=MBQCFQtTqvg&t=473s

추천 찬양
히즈윌, <광야를 지나며>
https://www.youtube.com/watch?v=1UBsTYjh91Y

5. Training

21년을 목사 아들로 살면서 수백 번 보고, 수백 번 부른 말씀과 찬양이 있습니다. 그러나 사회에서 주시는 메시지와 군대에서 주신 메시지는 달랐습니다. 월요일 첫날 잠들기 전, 정말 많이 울었습니다. "구해 달라" 기도했습니다. 이 상황에서 "건져 달라", "꺼내 달라"고 기도했습니다. 두 번째 날도 똑같이 기도했습니다. 수요일에 종교 O.T.라는 이름으로 교회에 갔습니다. 입소식 영상을 보며 눈물을 흘릴 때쯤 목사님이 나오셨습니다. "시간이 안 가죠? 조금 있으면 이렇게 빨리 가도 되나 싶을 정도로 빨리 갈 거예요." 속으로 생각했습니다. '말도 안 된다. 여기는 시간이 멈춘 곳이야…'

그런데 지금 생각해보니 정말 순식간이었습니다. 목사님께서는 욥의 이야기를 들려주셨습니다. 저는 고통에서도 하나님을 잊지 말라는 그런 똑같은 설교일 것이라고 생각했습니다. 그런데 저는 그날, 완전히 다른 깨달음을 얻었습니다. 구해주시는 하나님도 계시지만 트러블이 있을 때 그냥 '구해주는 것'이 아니라, 극복할 수 있도록 '견디게' 하시고 '단련'하시는 하나님이 계시다는 것. 저의 기도는 바뀌었습니다.

주님의 단련에 감사하고 그것을 이길 힘을 간구하며 하루를 마무리합니다. 첫날의 기도보다는 조금 더 성숙해진 방향으로 하나님과 소통합니다. 입대 전 달에 저는 교회에서 '내 영혼의 그윽히 깊은데서'라는 찬송가로 특송했습니다. "평화로다." 평화만을 구하며 찬송했습니다. 이제는 '주가 보이신 생명의 길'을 찬양하고 싶습니다. "나의 가는 길을 오직 그가 아시나니 그가 나를 단련하신 후에는 내가 정금 같이 나오리라."

_ **임○○ 훈련병**

[출처: 연무대훈련병 100인, 《나는 연무대 훈련병입니다》(미션그라운드)]

━

Q. **당신도 임 훈련병처럼 하나님께 '구해 달라, 건져 달라, 꺼내 달라'고 기도한 적이 있습니까? 그리고 하나님께서 그냥 구해 주지 않고 극복할 수 있도록 '견디게' 하시고, '단련'하도록 하셨던 경험이 있습니까?**

A.

"다윗이 광야의 요새에도 있었고 또 십 광야 산골에도 머물렀으므로 사울이 매일 찾되 하나님이 그를 그의 손에 넘기지 아니하시니라"(삼상 23:14).

다윗, 그는 누구인가

'사랑받는 자' 다윗은 하나님께 사랑받는 아들이었고, 이스라엘 백성에게는 존경받는 왕이었습니다. 그의 명성은 지금도 여전합니다. 이스라엘 국기에 그려져 있는 별의 이름은 '다윗의 별'인데, 원어로는 '다윗의 방패'입니다. 이것은 유대교를 상징하는 표식이기도 합니다. 다윗의 별만 보아도 유대인들이 얼마나 다윗을 존경하고 사랑하는지를 알 수 있습니다. 또한 전 세계에서 그의 이름(David)을 사용하는 사람도 상당히 많습니다. '인기남' 다윗에게는 다양한 호칭이 있는데, 그는 목동이자 군인이었고, 또 왕이자 탁월한 시인으로 시편 150편 중에 73편의 시를 지었습니다. 그는 악기 연주에도 뛰어난 능력을 발휘하는 등 한마디로 '사기 캐릭터'였습니다. 누가 보더라도 뭐 하나 빠지는 것이 없는 사람입니다.

이런 다윗의 인생 중에서 가장 의미 있었던 때는 언제일까요? 사무엘에게 왕으로 기름 부음을 받았던 시절? 소년 시절에 골리앗을 물리친 사건? 하나님의 법궤를 자신의 성으로 옮겨 놓았던 순간? 아니면 각종 전쟁에서 승리하던 기억? 그에게는 수많은 이야기가 있습니다. 하지만 다윗에게 가장 중요했던 시기, 다윗을 다윗으로 만들었던 기간은 그가 광야 생활을 했던 때가 아닐까 싶습니다.

광야, 13년 동안의 훈련장

다윗은 어린 시절부터 신앙적으로 자랐지만, 그가 본격적으로 신앙 훈련을 받은 장소는 광야였습니다. 다윗은 사울 왕과 그의 추종 세력에 의해 무려 13년 동안이나 쫓기는 삶을 살았습니다. 다윗의 광야 생활은 반복되는 연단과 훈련의 과정이었습니다. 성경에서 광야는 항상 의미 있는 장소로 등장합니다. 광야는 뜨겁고, 물도 없고, 황량하고, 인적도 없는 곳입니다. 그래서 광야는 헬라어로 '에레모스'(ἔρημος)라고 합니다. 에레모스는 '고독한', '버려진', '외로운', '한적한 곳'이라는 뜻입니다. 또한 광야는 히브리어로 '미드바르'(מִדְבָּר)라고 합니다. 이 역시 '불모지', '황폐한 땅'이라는 뜻입니다. 그런데 이 단어는 두 글자가 합쳐진 말입니다. '민'+'다바르'입니다. '민'은 '-로부터'라는 장소의 의미를 지닙니다. 그리고 '다바르'는 '말씀'이라는 뜻입니다. 그러므로 '미드바르'는 '말씀의 장소'라는 속뜻을 담고 있습니다.

광야에는 아무것도 없는 것 같지만 가장 유익한 점이 있습니다. 광야는 '말씀의 장소'가 됩니다. 이스라엘 백성이 광야를 지날 때, 그들은 시내 산에서 하나님께로부터 십계명과 율법을 받고, 반복해서 하나님의 말씀을 들었습니다. 비록 광야에서 제대로 된 집도 없이 천막에서 살며 옷도, 먹을 것도 제대로 갖추지 못해 기본적인 생활조차 할 수 없었지만, 그들이 딱 하나 의지한 것이 있다면 바로 하나님의 말씀이었습니다. 이처럼 광야는 하나님의 말씀을 체험하는 곳입니다. 2장에서 보았듯이, 떨기나무에서 하나님을 만난 모세도 그랬고, 예언자의 대표인 엘리야도 그랬습니다. 예수님이 오실 길을 준비하고 닦은 세례 요한도 광야에서 지냈습니다. 심지어 예수님께서도 광야에서 40일 동안 금식하면서 사탄의 유혹을 모두 말씀으로 물리치셨습니다.

하나님의 사람들은 모두 광야를 겪었습니다. 그렇게 광야에서 하나님을 만나고, 하나님의 말씀으로 다듬어져 갔습니다. 광야는 '하나님의 교실'이었습니다. 다윗도 마찬가지였습니다. 사울로부터 목숨을 건지기 위해 동굴과 사막 지대를 오갔습니다. 매일이 사망의 음침한 골짜기로 다니는 길이었습니다(시 23:4). 하지만 그는 목자 되신 하나님을 의지하며 말씀을 따라가는 법을 배웠습니다. 한마디로, 광야는 다윗이 하나님을 만나는 장소였습니다.

많은 청년이 군대를 광야에 비유합니다. 왜 그럴까요? 사회와 단절되어 원래부터 알던 사람이 없어서 외롭고, 어디서 무엇을 해야 할지 몰라 혼란스럽고, 시간이 멈춰 있는 것처럼 무료하게 느껴질 때가 많아서 그런 것 같습니다. 또한 육체적으로도 고단함을 느끼게 됩니다. 수면 시간이 충분히 보장되는데도 피곤하고, 부대가 대부분 산 속에 있어서 그런지 일평생 경험해 보지 못했던 추위를 느끼고, 매일 끊이지 않는 고기반찬과 필수 영양소를 듬뿍 넣은 식사를 삼시 세끼 먹고 부식도 제공받지만, 돌아서면 이상하게 배가 고파집니다. 무언가 채워지지 않는 허전함을 느끼는 것입니다. 이처럼 많은 것이 부족하고, 불편하고, 어색할 수도 있지만, 군대가 진정한 광야인 것은 신앙적으로 하나님을 깊이 만나는 장소가 되기 때문입니다. 우리의 근원적인 빈 공간과 갈급함을 채울 수 있는 분은 오직 하나님뿐이십니다. 다윗의 고백처럼 말입니다.

"하나님이여 사슴이 시냇물을 찾기에 갈급함같이 내 영혼이 주를 찾기에 갈급하니이다 내 영혼이 하나님 곧 살아 계시는 하나님을 갈망하나니 내가 어느 때에 나아가서 하나님의 얼굴을 뵈올까"(시 42:1-2).

그리스도의 좋은 군사

하나님의 '광야 학교'에서 다윗은 인간적인 관점에서 볼 때 절호의 기회를 얻게 됩니다. 그는 사울을 피해 도망 다니다가 엔게디 요새에 정착했습니다(삼상 23:29). 엔게디는 바위 절벽과 동굴이 많은 지역이었기에, 어느 한곳에만 머물지 않고 이곳저곳을 옮겨 다니면서 은신할 수 있는 피난처였습니다. 사울은 다윗이 엔게디 광야에 있다는 소식을 듣고 3천 명의 정예 군사를 뽑아서 다윗을 죽이기 위해 나섭니다(삼상 24:1-2). 3천 명의 군사는 사울이 이전에 블레셋을 무찌를 때 동원했던 병력과 같은 규모였습니다(삼상 13:2). 사울은 대규모 병력으로 다윗과 그의 추종자 6백 명(삼상 23:13)을 한 번에 제거하려고 했을 것입니다.

그러던 중 사울이 동굴 하나를 찾아, 그곳에 "뒤를 보러"(삼상 24:3) 들어갔습니다. 아마도 용변을 보려고 했던 것 같습니다. 그런데 마침 그 동굴 안에는 다윗과 그의 부하들이 숨어 있었습니다. 사울은 혼자서 동굴에 들어왔습니다. 다윗에게는 다시는 없을지도 모르는 기회였습니다. 그의 부하들은 마침내 하나님께서 다윗에게 원수를 넘겨주시는 날이 왔다고, 지금이 바로 그때라고 말합니다. 그러나 다윗은 사울을 죽이지 않고 그의 옷자락만 살짝 베어 버립니다. 아니, 사울의 옷자락을 벤 것만으로도 마음이 찔렸습니다(삼상 24:4-5). 왜 그랬을까요? 다윗에게는 여호와께 기름 부음 받은 사람인 사울을 죽일 수 없다는 믿음이 있었기 때문입니다. '잎새에 이는 바람에도 괴로워하는' 시인처럼, 다윗은 칼로 살짝 벤 옷자락에도 괴로워했습니다. 다윗은 자신의 입장이 아닌, 하나님의 시선으로 사울을 보았습니다. 그에게는 자신 앞에 있는 사울이 중요한 것이 아니라, 자신과 사울을 보고 계시는 하나님이 중요했습니다. 다윗은 자신이 편해지거나 부하들이 원하는 일을 하기보다 먼저 하나님이 기뻐하시는 일이 무엇인지를 고민했고, 하나님의 입장에서 행동했습니다.

우리의 신앙생활 중에 반드시 필요한 훈련이 무엇일까요? 하나님의 입장에서 생각해 보는 것입니다. '예수님이라면 어떻게 하셨을까?'라고 고민하고 실천하는 훈련입니다.

"너는 그리스도 예수의 좋은 병사로 나와 함께 고난을 받으라 병사로 복무하는 자는 자기 생활에 얽매이는 자가 하나도 없나니 이는 병사로 모집한 자를 기쁘게 하려 함이라"(딤후 2:3-4).

예수 그리스도의 좋은 군사가 되기 위해서는 그분과 함께 고난을 받는 과정이 필요합니다. 광야 훈련이 필수 코스입니다. 외적인 고난도 있겠지만, 때로는 내적인 고난이 더 크게 다가올 수도 있습니다. 내가 원하는 대로가 아닌, 하나님이 원하시는 대로 생각하고, 인내하고, 기다리는 훈련이 필요합니다. 우리가 군에 입대하는 이유도 궁극적으로는 하나님의 기쁨이 되기 위함입니다. 광야와 같은 세상

에서 우리를 불러 군대로 보내는 분은 하나님이시기 때문입니다. 군
복무를 통해서도 우리는 하나님께서 기뻐하시는 삶을 살아갈 수 있
습니다.

"또 여호와를 기뻐하라 그가 네 마음의 소원을 네게 이루어 주시
리로다 네 길을 여호와께 맡기라 그를 의지하면 그가 이루시고"
(시 37:4-5).

기도, 영혼의 근력 운동

다윗과 더불어 성경에서 호명되는 사람들이 있습니다. 사무엘, 사
울, 골리앗, 요나단, 스루야의 아들들, 나단, 밧세바, 압살롬 등입니
다. 이 이름들에는 다윗이 겪은 진솔한 삶의 이야기가 모두 담겨 있
습니다. 여기서 눈여겨볼 점은, 다윗은 자신이 경험한 이 모든 삶의
흔적을 기도로 남겼다는 사실입니다. 그가 골리앗을 쓰러뜨릴 때에
도(시 144:1), 그가 모든 원수와 사울 왕의 손에서 구원 받았을 때에도
(시 18:1-2), 나단 선지자의 질책에 자신의 죄를 돌아볼 때에도(시 51:5-
7), 아들 압살롬과 배신자들에게 쫓길 때에도(시 3:7-8), 하나님의 성소
에 올라갈 때에도(시 131편) 그는 기도했습니다. 다윗의 모든 삶은 기
도였고, 그는 기도함으로 하나님의 마음에 맞는 사람이 되었습니다.

성경에서 회복탄력성이 좋았던 인물 중에 한 명은 다윗이 아닐까 싶습니다. 보통 회복탄력성*을 '마음의 근육'이라 부르는데, 다윗은 매사에 기도하는 거룩한 습관을 통해서 '영적인 근육'을 키웠던 것입니다.

> "주님께서 비록 많은 재난과 불행을 나에게 내리셨으나, 주님께서는 나를 다시 살려 주시며, 땅 깊은 곳에서, 나를 다시 이끌어내어 주실 줄 믿습니다"(시 71:20, 새번역).

존 비비어(John Bevere)는 광야에서의 시험을 '영적 근력 강화 훈련'이라고 표현합니다. 그렇게 볼 때, 다윗은 무려 13년 동안 광야에서 영적인 근력을 강화하는 특수 훈련을 받았고, 그 이후로도 영적인 근손실이 오지 않도록 꾸준히 기도하는 습관을 통해서 하나님과의 관계를 유지했습니다. 다윗은 그의 인생 속에서 수많은 고난과 역경을 겪고 원수들의 공격을 받았지만, 그가 다시 일어설 수 있었던 이유는 그에게 영혼의 근력이 있었기 때문입니다.

> "도가니는 은을, 화덕은 금을 단련하지만, 주님께서는 사람의 마음을 단련하신다"(잠 17:3, 새번역).

● 역경에 효과적으로 대처하여 원래의 상태로 회복하게 하거나 더 나아지게 하는 힘을 말합니다. 회복탄력성은 역경이나 어려움을 사전에 대비하는 역할도 합니다.

군대에서는 매일 16시가 되면 체력 단련을 합니다. 3킬로미터 뜀걸음, 팔 굽혀 펴기, 윗몸 일으키기 등의 기초 체력 단련을 한 뒤에 자율 체력 단련 시간을 갖습니다. 특별히 수요일에는 주간 전투 체육으로 오후 내내 체력 단련을 합니다. 왜 그럴까요? 체력은 국력이라는 말처럼, 군인에게 체력은 선택이 아니라 필수이기 때문입니다. 그리스도의 좋은 군사에게도 영적인 체력을 위한 경건의 훈련은 필수입니다.

"몸의 훈련은 약간의 유익이 있으나, 경건 훈련은 모든 면에 유익하니, 이 세상과 장차 올 세상의 생명을 약속해 줍니다"(딤전 4:8 새번역).

다윗처럼 기도를 훈련하여 기도의 사람이 되어 보는 것은 어떨까요? 군 생활 목표 중에 다부진 몸만들기뿐만 아니라, 영혼의 근력 운동인 기도를 통한 건강한 영혼 만들기를 제안해 봅니다. 군대에서 만나는 모든 사람과의 이야기를 기도로 남기며, 하나님의 마음을 품고 그분의 시선으로 바라보는 훈련을 해 보기를 추천합니다. 군 생활 가운데 드리는 당신의 기도를 통해서 일하실 하나님을 기대합니다.

Q. 당신의 인생에서 '광야와 같은' 시간이나 장소가 있었습니까? 하나님께서 그러한 광야를 허락하신 이유는 무엇일까요?

A. _____

_____

_____

Q. '그리스도의 좋은 군사'가 된다는 것은 당신에게 어떤 의미로 다가옵니까?

A. _____

_____

_____

Q. '영적인 근육'을 키우기 위해 오늘부터 실천할 수 있는 '경건의 훈련'에는 무엇이 있을까요?

A. _____

_____

_____

"처장님, 연대 훈련병 한 명이 팔이 부러져 지구병원에서 조치중이라는 보고입니다." "팔이 부러져! 왜? 넘어졌나?" "아니, 그게 아니고 팔씨름을 하다가 그만···."

3월 어느 봄날이었습니다. 부서 실무자가 들어오더니 훈련병 한 명이 팔이 부러졌다는 보고를 합니다. 더 정확히는 손목이 부러졌다고 합니다. 그 시간이면 평소처럼 과목별 훈련장에서는 계획된 신병교육이 한창 진행 중이고, 일부 교육이 종료된 신병은 각자의 생활관에서 개인정비 시간을 갖고 있었을 것입니다. 그런데 이런 사고라니! 상황을 들어보니 개인정비 시간에 동료들과 팔씨름 시합을 했는데, 과도하게 힘을 쓰다가 손목이 골절되었다는 것입니다. 그런데 안타깝게도 훈련소에 있다 보면 팔씨름 도중 손목이 골절되는 경우를 종종 보게 됩니다.

보통 입영 후 3주 이상 신병교육을 진행하면 훈련병 대다수가 원기 왕성하고 자신감도 생기고 의욕도 넘칩니다. 그래서 어떤 상대도 이길 수 있다는 자신감으로 팔씨름에 도전합니다. 그런데 문제는 자신의 몸 상태는 마음과 달리 그에 미치지 못할 수 있다는 것이죠. 어려서부터 학교와 학원

위주로 생활해온 청년들은 본인 생각보다 뼈와 근육의 발달 상태가 좋지 못한 경우가 있습니다. 상대를 이겨야 하기에 힘을 쓰는데 뼈와 근육이 받쳐주지 못하니 다치는 상황이 발생하는 것입니다. 우리 청년들은 본인들의 토익 점수와 게임 레벨 등은 대부분 잘 알고 있습니다. 그러나 정작 본인의 골밀도와 근육량 등 건강 관련 지표는 잘 모르곤 합니다. 몸을 써야 할 일이 별로 없었기 때문이기도 합니다. 땅을 박차고 뛰어올라 별도 잡을 수 있을 듯이 자신감 넘치는 우리 청년들이지만 신체를 튼튼하게 단련하는 일은 성장 과정에서 소홀히 한 경우가 많아 그들과 현장에서 만날 때마다 걱정이 되기도 합니다.

[출처: 김성완, 《슬기로운 군대생활》(미션그라운드)]

Q. 당신은 자신의 골밀도와 근육량 등 '건강 관련 지표'를 잘 알고 있습니까? 더 나아가, 육체적인 건강뿐만 아니라 '영적인 건강 상태'에 대해서 얼마나 관심을 갖고 있습니까? 군 생활을 앞두고 어떤 부분에서 성장하고 훈련해야 하는지 함께 나누어 봅시다.

A.

마침 점호

1. 다윗에게 '광야'는 13년 동안 말씀을 통해 하나님을 만나는 '영적 훈련장'이었습니다.

2. 우리의 '근원적인 빈 공간'과 '갈급함'을 채울 수 있는 분은 오직 하나님이십니다.

3. '그리스도의 좋은 군사'에게는 하나님의 시선으로 생각하고, 인 내하고, 기다리는 훈련이 필요합니다.

4. 우리는 군 생활을 통해서도 하나님께서 기뻐하시는 삶을 살 수 있습니다.

5. 군 생활의 모든 여정을 기도로 남길 때, '영적인 근육'을 강화하 는 훈련이 됩니다.

함께 드리는 기도

우리를 사랑하시는 하나님, 영적인 불순물을 제거하기 위해 광야로 데려가시는 아버지의 뜻을 헤아려 봅니다. 인생의 광야를 지날 때에 주님의 말씀을 깊이 경험하게 하소서.

우리 영혼의 갈급함과 빈 공간은 세상 그 무엇으로도 채울 수 없습니다. 주님이 주시는 생명의 양식과 생수로 채우게 하시고, 날마다 새 힘을 얻게 하소서. 주님의 시선으로 세상을 바라보게 하시고, 주님의 마음으로 사람을 마주하게 하소서.

몸의 훈련뿐만 아니라 경건의 훈련에도 힘쓰기를 원합니다. 군 생활의 모든 만남과 여정을 기도로 새기며 영적인 근육과 체력을 기르게 하소서.

당신의 좋은 군사로 우리를 부르시는 예수 그리스도의 이름으로 기도합니다. 아멘.

MILLITRY

6. Aim

내겐 너무
특별한 목적

광야에서의 시간은 무의미하지 않습니다.
그 시간들을 통해 하나님은 당신의 사람들을
빛나는 보석으로 만드셨습니다.

참고 영상
CBSJOY 다음세움, <멈춤은 정지가 아니다>, 강은도 목사
https://www.youtube.com/watch?v=6zE7YzOePao&t=147s

추천 찬양
마커스 워십, <날 향한 계획>
https://www.youtube.com/watch?v=cVqJ5Vo2Nog

6. Aim

전역을 앞두고 마지막 휴가를 보내고 있는 김 병장은 요즘 주변 사람들에게 "군대 다녀오니 철들었네!"라는 말을 자주 듣습니다. 김 병장 본인은 크게 달라진 것이 없다고 느끼는데, 군대 다녀오니 달라졌다는 말을 주변에서 계속 들으니 군대에서 경험한 시간들을 곰곰이 되짚어 보게 되었습니다. 신병 교육대 입소와 5주간의 기초 군사 훈련, 첫 40킬로미터 무장 행군, 대한민국과 군대의 가치를 배웠던 정신 교육, 설렘 반 긴장 반으로 향했던 자대, 정신없이 빠르게 지나간 이등병 시절, 강원도 찬바람의 맹추위를 느꼈던 혹한기 훈련, '눈'에 대한 관점이 바뀐 제설 작전, 큰 힘과 위로가 되었던 군인 교회 신앙생활, 분대장이 되어 솔선수범하며 동료들을 이끌었던 상병 시절, 뜨거운 태양 아래 받았던 유격 훈련, 부대 주변 지역 주민들을 돕기 위해 출동했던 대민 지원, 실제 전쟁을 방불케 하는 대대 전술 훈련….

　김 병장은 군대에서 하고 싶은 일보다는 해야만 하는 일을 더 많이 했습니다. 분명 낯선 경험들이었고 쉽지 않았습니다. 그러나 그 모든 과정은 김 병장을 더 좋은 사람으로 성장시켰습니다. 돌이켜 보니 목적이 없고 무의미하다고 느꼈던 군 생활이 꼭 그렇지만은 않았습니다. 김 병장은 정직하고 성실하게 군 복무에 임했던 자신이 자랑스럽게 느껴졌습니다.

Q. 당신의 삶을 돌아볼 때 목적이 없고 무의미하다고 생각했지만 지나고 나서 그 목적과 의미를 느꼈던 일들이 있습니까?

A.

"그 사람이 그에게 이르되 네 이름이 무엇이냐 그가 이르되 야곱이니이다 그가 이르되 네 이름을 다시는 야곱이라 부를 것이 아니요 이스라엘이라 부를 것이니 이는 네가 하나님과 및 사람들과 겨루어 이겼음이니라"(창 32:27-28).

하나님의 목적

"하나님께서는 당신의 삶에 특별한 '목적'(aim)을 갖고 계십니다. 당신은 성경을 통해 당신의 삶을 향한 하나님의 목적을 발견할 수 있습니다." 미국 캘리포니아 새들백교회의 릭 워렌(Rick Warren) 목사님은 우리의 삶을 향한 하나님의 목적을 다섯 가지로 요약합니다.

첫 번째 목적: 우리는 하나님의 기쁨을 위해 계획되었다.

두 번째 목적: 우리는 하나님의 가족으로 태어났다.

세 번째 목적: 우리는 그리스도를 닮도록 창조되었다.

네 번째 목적: 우리는 하나님을 섬기기 위해 지금의 모습으로 지음 받았다.

다섯 번째 목적: 우리는 사명을 위해 지음 받았다.

우리는 우연의 집합체가 아니고 하나님의 목적에 따라 태어난 존재입니다. 목적을 알면 그 목적에 초점을 맞추고 살아갈 수 있습니다. 하나님의 목적에 따라 사는 것이 의미 있는 삶입니다.

과거 TV가 대중 매체를 주름잡았던 그때 그 시절에는 더 좋은 화질의 방송을 위해 '삐' 소리와 함께 '화면 조정'의 시간이 있었습니다. 하나님께서도 그분의 목적에 따라 우리를 인도하기 위해 우리의 삶을 조정하실 때가 있습니다. 때로는 힘겨운 광야 길을 걷게 하시고, 때로는 인생의 매운맛도 보게 하십니다. 그러나 우리는 그 과정을 통해 하나님의 목적에 합당한 사람으로 변화하고 성장합니다.

우리는 이 장에서 야곱이라는 인물을 통해 하나님의 목적에 따라 살아가는 삶에 대해 나누려고 합니다. 야곱이 하나님의 목적에 따라 살아간 과정은 마침 우리의 군 생활에 빗대어 이야기할 수 있습니다.

집을 떠나는 일에는 하나님의 목적이 있다

야곱에게는 쌍둥이 형 에서가 있었는데, 야곱은 에서와의 경쟁에서 늘 이기고 싶었습니다. 야곱의 목적은 아버지 이삭의 유산을 이어받아 그 집의 주인이 되는 것이었습니다. 그래서 야곱은 그 일에 방해가 되는 에서를 이기고, 형이 받아야 할 아버지의 유산을 독차지하려 했습니다. 야곱이 정당하게 에서를 이길 수 있는 방법은 없었습니다.

그래서 야곱은 형 에서와 아버지 이삭을 속이게 됩니다.

그러나 야곱은 아버지와 형을 속인 대가로 의도하지 않게 아버지의 집에서 떠나야 했습니다. 부모의 품을 떠나야 했습니다. 사실 부모의 품을 떠나는 것은 야곱의 목적이 아니었습니다. 그것은 자신의 계획에 없는 일이었고, 자신이 품고 있던 목적과는 아무 상관이 없어 보였습니다. 그러나 여기에는 야곱을 향한 하나님의 목적과 뜻이 있었습니다. 야곱이 집을 떠나 광야로 들어갔을 때, 하나님께서 그에게 당신의 존재와 사랑을 나타내셨기 때문입니다. 야곱은 집을 떠났을 때 하나님 앞에 선 '단독자'로서 그분을 만나게 되었습니다(창 28:10-22).

야곱이 아버지의 집을 떠나게 된 사건은 우리가 입대하는 것과 비슷한 점이 많습니다. 마치 1장에서 만나 본 아브라함처럼 말입니다. 집을 떠나 전혀 생소한 세계로 들어가는 일에는 아무런 목적이 없어 보입니다. 오히려 익숙한 집과 환경 속에서 편하게 생활하고 학업과 일을 지속하는 것이 우리의 목적과 꿈에 더 합당해 보입니다. 그러나 군 입대에는 하나님의 뜻이 있습니다. 집을 떠나 입대하면 우리도 야곱처럼 '누군가의 하나님'이 아닌, 나를 찾고 나를 만나러 오시는 '나의 하나님'을 만나게 됩니다. 내 생각과 뜻보다 훨씬 크고 놀라우신 하나님을 만나게 됩니다. 우리가 하나님의 목적을 신뢰하며 낯설고 생소한 환경인 군대를 향해 한 걸음씩 내디딜 때, 주님은 우리에게 다가오며 이렇게 말씀하십니다.

"내가 너와 함께 있어 네가 어디로 가든지 너를 지키며 너를 이끌어 이 땅으로 돌아오게 할지라 내가 네게 허락한 것을 다 이루기까지 너를 떠나지 아니하리라 하신지라"(창 28:15).

라반과의 만남에도 하나님의 목적이 있다

야곱은 집을 떠나 광야 길을 걸어서 외삼촌 라반의 집에 도착합니다. 야곱은 몇 해 동안 외삼촌 라반의 집에 거주하며 그곳에서 일하게 됩니다. 외삼촌 라반은 양 떼를 거느리며 목축을 하는 목장 경영주였습니다. 라반의 집에서 이제 막 일을 시작한 야곱은 모든 일에 있어 초보였습니다. 야곱의 형 에서는 주로 들판에서 짐승들과 함께 지내는 것을 좋아해서 짐승을 잘 다루었지만, 야곱은 주로 어머니를 돕는 집 안일을 선호했던 사람입니다(창 25:27). 그런 야곱에게 있어 라반의 양 떼를 돌보는 것은 익숙한 일이 아니었습니다. 그런데 라반은 조카인 야곱에게 주어야 할 임금도 수시로 변경하면서 그를 괴롭혔습니다. 무시와 속임수의 연속이었습니다. 그러나 야곱이 라반의 집에서 힘겹게 살아가는 시간 속에도 하나님의 분명한 목적이 있었습니다.

야곱은 라반의 집에서 20년 동안 살았습니다. 그 20년의 세월 속에서 하나님은 야곱에게 수많은 복을 허락하셨습니다. 야곱에게 가족을 만나게 하셨고, 자녀들을 주셨습니다. 야곱을 괴롭게 했던 라반도 결국 야곱의 실력을 인정할 정도로 그가 성장하도록 인도해 주셨습니다. 이후 야곱은 풍성한 가족과 무수한 양 떼를 거느리고 고향으로 돌아가게 됩니다. 이것은 하나님께서 라반과의 만남을 통해서 야곱을 축복해 주신 결과입니다. 라반과의 만남은 야곱에게 힘든 순간이었지만, 그 안에는 하나님의 목적이 있었던 것입니다.

우리의 군 생활은 야곱이 라반의 집에서 살았던 이야기와 많이 닮아 있습니다. 야곱이 라반의 집에서 어렵게 일했던 것처럼, 우리의 군 생활도 쉽지 않습니다. 낯설고 익숙하지 않은 환경이고, 생소한 경험입니다. 제식 훈련°을 받아 본 적이 없기 때문에 발맞추어 걷는 것이 처음에는 무척 힘들고, 무거운 군장을 메고 매일 훈련장을 오가는 일은 적응이 잘 되지 않습니다. 기초 군사 훈련을 수료하고 자대에 배치 받으면 주특기에 따라 주어진 업무들을 해 나가야 하는데, 이등병 때에는 서툴러서 실수도 많이 하게 됩니다. 과연 이곳에, 과연 이 일에 하나님의 뜻과 목적이 있을까 의심하게 됩니다.

그러나 우리는 군 생활을 통해 삶의 여러 기술을 습득하고 훈련하게 됩니다. 체력 단련을 통해서 체력을 증진하고, 전우 및 동료들과의 만남을 통해서 선배를 예우하는 방법, 후배를 존중하는 방법, 동료들과 함께 생활하는 방법 등 타인과 함께 살아가는 기술을 훈련하게 됩니다. 또한 국가와 군대의 가치를 배우게 됩니다. 야곱이 라반

● 군인으로서 절도와 규율을 익히도록 하는 훈련입니다. 기초 군사 훈련의 시작이자 끝이며, 군인이 되기 위해서 반드시 거쳐야 하는 과정입니다. 서는 법, 앉는 법, 걷는 법, 뛰는 법 등을 처음부터 다시 가르쳐 줍니다.

의 집에서 목축의 기술을 배워 전문가가 될 수 있었듯이, 군대가 우리에게 주는 여러 기술과 삶의 교훈이 있습니다. 그뿐 아니라 야곱이 라반의 집에서 사랑하는 사람들을 만나게 되었듯이, 우리는 군대에서 소중한 사람들을 얻게 됩니다.

> "나는 주께서 주의 종에게 베푸신 모든 은총과 모든 진실하심을 조금도 감당할 수 없사오나 내가 내 지팡이만 가지고 이 요단을 건넜더니 지금은 두 떼나 이루었나이다"(창 32:10).

힘겨운 시간에도 하나님의 목적이 있다

하나님의 목적에 따라 살아온 야곱은 결국 어떻게 되었을까요? 하나님의 약속이 성취되어 고향으로 돌아오게 되었을 뿐 아니라 이전보다 더욱 성숙한 사람이 되었습니다. 창세기 33장을 보면 야곱과 에서가 화해하는 장면이 나옵니다. 야곱은 20년 전 다투었던 형 에서와 화해하게 됩니다. 아니, 형 에서에게 용서를 구했습니다. 20년 전에는 에서를 이기기 위해 혈안이 되었던 야곱입니다. 그런데 20년 후 야곱은 오히려 자신의 소유를 나누어 에서에게 선물합니다. 20년 전 야곱은 에서를 무시했지만, 이제는 형 앞에서 자신의 몸을 일곱 번이나 굽히며 에서를 존중합니다. 야곱이 바뀌었습니다. 야곱은 하나님의 뜻을 이루어 가는 사람이 되었습니다. 어린아이처럼 자기 위주로 생각하고 행동하는 사람이 아니라, 형제자매를 생각하고 화해와 용납이라는 가치를 존중하며, 자신보다 공동체를 먼저 돌보는 사람으로 변화된 것입니다. 우리도 하나님의 목적을 신뢰하며 나아가면, 우리를 향한 하나님의 약속이 이루어지고 우리의 존재가 변화되는 복을 얻게 됩니다.

에서를 만나기 전날 밤, 야곱은 갑자기 나타나신 하나님과 씨름을 하게 됩니다. 그 씨름을 통해 야곱의 이름이 '이스라엘'로 바뀝니다. "그 사람이 말하였다. '네가 하나님과도 겨루어 이겼고, 사람과도 겨루어 이겼으니, 이제 네 이름은 야곱이 아니라 이스라엘이다'"(창 32:28, 새번역). 하나님의 목적을 신뢰하는 삶은 결코 쉽지만은 않습니다. 때로는 우리에게 주어진 형편과 처지가 천하장사와 씨름하는 것처럼 힘겹습니다. 그러나 하나님의 목적을 신뢰하며 그 힘겨운 시간을 담대하게 감당할 때, 우리는 더 이상 '야곱'이 아닌 '이스라엘'로 살게 됩니다. 우리는 언제, 어디서나 하나님에게 속한 하나님의 백성입니다. 하나님께서는 우리의 삶에 특별한 목적(aim)을 가지고 계십니다. 군 입대에도 하나님의 목적이 있습니다.

Q. 당신은 야곱의 이야기를 통해 무엇을 배울 수 있었습니까?

A.

Q. 당신의 삶에 하나님의 목적과 계획이 있음을 신뢰합니까? 당신을 향한 하나님의 목적이 무엇이라고 생각합니까?

A. _____

_____

Q. 하나님께서는 당신의 군 생활에 어떤 목적을 갖고 계실까요?

A. _____

_____

어서와~ 군대는 처음이지?

저의 첫 자대는 중동부전선 최전방을 수호하는 강원도 화천 GOP 부대입니다. 담당해야 할 교회는 총 세 곳이었고, 토요일과 주일 합쳐서 일곱 번의 예배를 드리게 되었습니다. 교회들은 대부분 민간인 통제선[•] 안에 위치

• 군사 작전상 민간인의 출입을 통제하기 위해 설정(휴전선 남방 5-20킬로미터 범위)한 선입니다. 민간인 통제선을 넘어서 출입하거나 활동하기 위해서는 해당 책임 지역 군 부대장의 통제가 요구됩니다.

했습니다. 개인적인 시간을 충분히 보낼 수 있는 숙소를 받지 못하고 중대장(대위) 한 명, 중사 한 명, 하사 한 명과 한 독신 숙소에 배정받았습니다. 그들 모두 당시에는 신앙생활을 하지 않았습니다. 결혼하기 전까지 수개월을 그들과 함께 살았습니다. 교회에 다니지 않는 사람과 한 집에 사는 것은 처음이었습니다.

지휘관은 군종목사가 부대원들과 가능한 많은 시간을 함께할 것을 요청했습니다. 저는 지휘관의 뜻에 부응하기 위해 GOP 소초를 매주 화, 목, 금, 주일에 방문했습니다. 주일에는 모든 예배를 마친 후 철야 경계를 하고 있는 야간 근무자들을 밤새도록 위문하고 상담했습니다. 4박 5일 야외 전술 훈련을 할 때마다 A형 텐트에서 전우들과 동숙했습니다. 기초 군사 훈련 때는 40킬로미터 행군이 전부였는데, 자대에 와서는 완전 군장을 하고 수색 중대를 따라 100킬로미터 무장 행군에 참여했습니다. 물론 끝까지 완주하지는 못했습니다. 목격자들에 의하면 77킬로미터 지점에서 제가 털썩 주저앉았다고 합니다. 그 뒤로는 제대로 기억이 나질 않습니다. 열심히 임무를 수행하던 어느 날, 우리 부대에 온 지 얼마 안 된 신병이 스스로 목숨을 끊었습니다. 청년의 부모님은 청년의 장례 예식을 부대에 요청했고, 연대의 군종장교인 제가 장례 예배를 집례하게 되었습니다. 저는 그 자리에서 아들을 잃은 부모의 슬픔을 처음 봤습니다. 생전 처음 입관 예식을 집례할 때, 청년의 시신을 마주하며 마음이 끊어질 듯 아팠습니다. 아들을 잃고 하염없이 눈물을 흘리는 가정의 슬픔에 동참하며, 더 이상 청년들이 혼자 고통스러워하며 아파하지 않도록 최선을 다해 섬겨야겠다고 다짐했습니다. 군종목사로서 군 생활을 시작한 첫 자대는 저에게 결코 쉬운 자리가 아니었습니다. 야곱이 부모의 품을 떠나 라반의 집에서 지냈던 것과 같이 어려웠습니다. 그러나 그 시간들은 결코 무의미하지 않았습니다. 세 곳의 교회, GOP 소초까지 포함한 일곱 번의 주일 예배는 매우 분주했지만, 각 교회의 군종병들과 성도들을 매주 만나서 소통할 수 있는 기회였습니다. 숙소에서는 다양한 간부들을 쉽게 만나 군대에 대해 많은 것을 배우고, 복음과 교회에 대한 마음을 나눌 수 있었습니다. 현장에서는 전우들과 늘 함께하며 그들의 필요가 무엇인지를 알게 되었고, 위문과 상담으로 전우들에게 실제적인 도움을 줄 수 있었습니다. 동고동락을 함께한 만큼 당시 부대원 및 성도들과 매우 친밀한 관계를 맺게 되었고, 많은 이야기와 생각을 나눌 수 있었습니다. 그들은 10년이 지난 지금도 그 친밀함을 지속하며 군 선교에 함께하고 있습니다. 그 당시에는 신앙생활을 하지 않았지만, 지금은 하나님을 만나고 군인 교회의 신실한 성도가 되어 군 선교에 동역하는 이들도 있습니다. 이렇게 저의 첫 자대는 이후에 이어지는 삶에서 하나님의 목적을 신뢰할 수 있는 마중물이자 원동력이 되었습니다.

Q. 위의 글과 같이, 당신의 삶 속에서 하나님의 목적을 신뢰할 수 있는 마중물이자 원동력이 되었던 사건이나 경험이 있습니까? 함께 나누어 봅시다.

A.

1. 하나님께서는 당신의 삶에 '특별한 목적'(aim)을 가지고 계십니다.

2. 야곱의 삶이 자신의 계획대로 되지 않았을 때에도, 야곱이 라반의 집에서 생고생을 하고 있을 때에도 하나님의 목적은 그를 향하고 있었듯이, 하나님께서는 '당신의 삶'에 특별한 목적과 계획을 가지고 계십니다.

3. 당신의 '군 생활에도' 하나님의 특별한 목적이 있습니다.

4. 광야에서의 시간은 무의미하지 않습니다. 그 시간들을 통해 하나님은 당신의 사람들을 빛나는 보석으로 만드셨습니다.

5. 하나님께서는 당신을 사랑하십니다.

함께 드리는 기도

하나님 아버지, 하나님께서는 우리의 삶에 특별한 목적을 품고 계시는데 우리는 그것을 자주 잊습니다. 야곱의 인생, 그 모든 순간에 함께하셨던 것처럼 우리의 입대와 군 복무에도 하나님의 특별한 목적이 있는 줄로 믿습니다.

기초 군사 훈련을 받으며 낯설고 생소한 환경을 만날 때, 어디일지 아직 모르지만 하나님께서 우리를 보내시는 자대에, 나라를 지키기 위해 뜬눈으로 밤을 지새우는 야간 근무에도, 겨울의 맹추위 속에서 혹한기 훈련을 감당할 때에도 우리의 삶을 향한 하나님의 목적이 있음을 믿습니다. 하나님의 목적을 신뢰하며 미래를 향하여 담대히 나아가게 하소서.

언제, 어디서나 함께하며 사랑을 베푸실 예수 그리스도의 이름으로 기도합니다. 아멘.

MILITARY

7. Relationship

관계의 마스터

경건의 삶은 혼자 있을 때 이뤄지는 것이 아니라,
군대와 같이 서로 다른 인격체들이 모인 곳에서
꽃을 피웁니다.

참고 영상
잘잘법, <하나님, 저 인간은 정말 보기 싫어요!>, 김학철 교수
https://www.youtube.com/watch?v=ASxCHr3d_rg

추천 찬양
조준모, <더불어 함께>
https://www.youtube.com/watch?v=ngg99OHNVlA

7. Relationship

시작 점호

"이 사람은 누구일까요?"

- 그는 군인이며, 100명의 부하를 둔 '지휘관'입니다.

- 그는 '영적 감수성'뿐만 아니라, 사회적 '약자 감수성'도 뛰어났습니다.

- 그는 유대인들 사이에서 '인싸'(insider)였습니다.

- 그는 베드로의 '선교 관점'까지 바꾸도록 했습니다.

- 그는 '외국인 최초'로 세례를 받았습니다.

- 그는 로마 제국 '이탈리아 부대'에 소속되었습니다.

- 그의 이름은 '세 글자'이며, '고'로 시작합니다.

Q. 이 사람은 신약성경 사도행전 10장에 등장하는 로마의 백부장
(중대장) '고넬료'입니다. 당신이 생각하는 군인의 이미지는 어떻습
니까? 군인에게 필요한 덕목은 무엇이라고 생각합니까?

A. _____

   _____

《손자병법》에 '상하동욕자승'(上下同欲者勝)이라는 말이 있습니다. 모공편에 나오는 말로, '윗사람과 아랫사람이 바라는 것이 동일하면 승리한다'는 뜻입니다. 선임과 후임, 간부와 용사, 지휘관과 부하 등의 관계에서 소통이 원활하게 이루어지고 같은 마음을 품을 때 군대의 최종 목표인 승리를 얻게 된다는 말입니다. 키르케고르(Søren Aabye Kierkegaard)는 "사람, 행복의 90퍼센트가 인간관계에 달려 있다"고 말했습니다. 사람들에게 있는 대부분의 고민이 인간관계에서부터 시작되고, 반대로 행복한 일들 또한 인간관계에서 만들어집니다.

군대는 사람들이 모여 있는 곳입니다. 그러므로 군 생활을 잘하기 위해서는 관계를 잘 맺어야 합니다. 현재 군 생활을 하고 있는, 또 경험했던 많은 청년의 이야기를 들어 보면, 군대에서 가장 힘든 것 중에 하나가 혼자만의 시간과 공간이 없다는 사실입니다. 24시간 동안 단체 생활을 하다 보니 자신의 일거수일투족에 신경을 쓰게 되고, 특히 관계적으로 어려움을 겪는 사람이 함께 있을 때 그 어려움은 더욱 커지게 됩니다. 그렇다면 우리는 군대에서 사람들과의 관계를 어떻게 맺고 풀어 가야 할까요? 군인이었던 고넬료는 무엇보다 관계를 잘 맺는 사람이었습니다. 그는 하나님과 이웃 그리고 가족 및 가까운 사람들과 어떤 관계를 맺었을까요? 이 장에서는 '관계의 마스터', 고넬료를 만나 봅시다.

"가이사랴에 고넬료라 하는 사람이 있으니 이달리야 부대라 하는 군대의 백부장이라 그가 경건하여 온 집안과 더불어 하나님을 경외하며 백성을 많이 구제하고 하나님께 항상 기도하더니"(행 10:1-2).

하나님과 관계 맺기, '경외'

사도행전 10장 2절을 보면, 고넬료는 온 집안과 더불어 하나님을 '경외'하는 사람이었다고 합니다. 경외한다는 것은 존경과 두려움을 함께 품고 있는 것을 의미합니다. 더 쉽게 말하면, 사랑하면서 동시에 두려워하는 것입니다. 이런 경우를 어디서 찾아볼 수 있을까요? 아마도 어린 자녀들이 부모를 대할 때의 마음과 비슷할 것입니다. 혼자서는 살아갈 수 없는 어린아이가 부모의 보살핌과 훈육을 받을 때 사랑과 두려움의 감정을 모두 느끼는 것처럼 말입니다.

《천로역정》으로 잘 알려진 존 버니언(John Bunyan)은 "하나님을 두려워하는 것이 모든 은사보다 더 귀하다"라는 말을 했습니다. 하나님을 두려워하는 마음, 경외심이 큰 선물이라는 것입니다. 그런데 하나님을 두려워하는 사람은 역설적으로 사람을 두려워하지 않게 됩니다.

여기서 가만히 생각해 보면, 로마 장교였던 고넬료가 유대인들의 하나님을 믿는다는 것이 결코 쉬운 선택은 아니었을 것입니다. 동료 장교들이나 상급자로부터 "너는 로마인이면서 왜 유대인의 신을 믿느냐? 왜 강대국인 로마 신들을 버리고 약소국의 신을 따르느냐?" 하는 비난을 들을 수도 있었습니다. 또한 진급하는 데 어려움을 당할 수도 있었습니다. 하지만 그는 사람들을 두려워하기보다, 먼저 하나님을 경외하는 사람이었습니다.

군대는 '경외심'을 배울 수 있는 곳입니다. 군인의 신분으로 생활하다 보면 선임, 상급자, 지휘관을 존경하는 동시에 두려워하는 마음을 자연스럽게 품게 됩니다. 군대에는 계급과 질서가 있기에 마땅히 상급자에 대한 예절을 지키고, 존경의 마음을 품어야 합니다. 하지만 기억해야 할 것은, 우리가 궁극적으로 경외해야 할 분은 하나님이라는 사실입니다. 하나님을 경외하고 그분과의 관계 맺기가 제대로 된 사람이 다른 사람들 또한 진심으로 사랑하고 존경할 수 있습니다. 그런 점에서 진정한 관계는 바로 하나님과의 관계로부터 시작됩니다.

또한 고넬료는 기도하는 사람이었습니다. 고넬료는 항상 기도했고(행 10:2), 그의 기도가 하나님께 닿았고(행 10:4), 하나님은 그의 기도를 들으셨습니다(행 10:31). 기도는 하나님과 '소통하는' 방법입니다. 군인 고넬료는 기도를 통해 하나님과 더욱 친밀한 관계를 이어 갔습니다. 군 생활 중에 휴대폰 사용 시간이 점점 늘어나는 추세에서 '폰 손실'

이 나지 않게 휴대폰에 집중하고 있는 병사들이 많습니다. 크리스천 청년들 중에도 휴대폰 사용 시간을 보장받기 위해 예배에 불참하는 경우가 있습니다. 이러한 안타까운 현실이 입대 후 어느덧 나의 모습으로 발견되기 전에, 군대에서 하나님을 경외하며, 그분과의 관계를 회복해 보는 것이 어떨까요?

이웃들과 관계 맺기, '경건한 삶'

하나님을 경외하며 그분과 기도로 소통했던 고넬료는 유대 백성에게 자선을 많이 베푸는 사람이었습니다(행 10:2). 그래서 유대 백성에게 존경과 칭찬을 많이 받았습니다(행 10:22). 만약 고넬료 시대에 유튜브(YouTube)나 인스타그램(Instagram)과 같은 SNS가 있었다면 그의 구독자나 팔로워 수가 상당했을 것입니다. 당시 초대 교회에는 경제적으로 어려운 사람들을 돕고 구제하는 일이 중요한 관심거리였습니다. 그래서 사도행전 6장을 보면 이러한 구제 사업을 전문적으로 담당할 사람들이 필요했으며, 이에 따라 일곱 집사를 세우는 이야기가 등장합니다(행 6:1-6).

그렇다면 고넬료가 유대 백성과 다른 사람들을 대상으로 구제나 자선 사업에 힘썼던 이유가 무엇일까요? 단지 사회적 약자를 향한 감수성이 풍부해서 박애 정신을 가지고 어려운 사람들을 돕고 싶었던 것일까요? 성경에는 그보다 더 근본적인 표현이 기록되어 있습니다. 그가 '경건한 사람'이었다고 말씀합니다(행 10:2). 여기서 경건하다는 것은 어떤 의미가 있을까요?

우리는 보통 '경건'이라고 하면 아마도 성경을 묵상하고 기도하는 시간인 '큐티'(Quiet Time)를 떠올리기 쉬울 것입니다. 성경 묵상과 기도가 경건을 위한 기본적이고도 좋은 훈련이지만, 그것이 경건을 뜻하는 전부는 아닙니다. 자칫하면 경건의 시간이 '조용한 시간'으로 인식되어 정적이고 개인적인 영역에서만 그칠 수도 있습니다. 사실 경건을 뜻하는 영어 단어 중에는 'Godliness'가 있습니다. 하나님을 닮아 가는 것이 경건이라는 것입니다. 그러므로 경건이란 하나님의 뜻을 따르고자 하는 마음가짐뿐만 아니라, 그러한 생활까지 포함하는 포괄적인 의미입니다. 야고보서 1장 27절(새번역)에서는 이렇게 이야기합니다.

"하나님 아버지께서 보시기에 깨끗하고 흠이 없는 경건은, 고난을 겪고 있는 고아들과 과부들을 돌보아 주며, 자기를 지켜서 세속에 물들지 않게 하는 것입니다."

하나님께서 인정하시는 경건은 자신의 몸과 마음을 악한 것으로부터 지키는 것뿐만 아니라, 어려움을 겪고 있는 이웃들을 돌보는 것입니다. 고넬료는 이웃을 돌보는 자선과 구제를 통해 경건한 삶을 '미닝아웃'(meaning-out) * 했습니다. 고넬료가 어려운 이웃들을 아낌없이 도왔던 것은 그가 흠 없는 경건을 실천하는 사람이었기 때문입니다.

프랑스의 종교 개혁자 칼빈(John Calvin)은 고넬료를 보고, "최선을 다해 십계명을 지킨 사람"이라고 말했습니다. 그가 하나님을 경외한 모습은 십계명의 제1계명부터 제4계명까지 지키려 한 것이고, 사람들을 구제한 모습은 제5계명부터 제10계명까지 지키려 한 삶이었다는 것입니다. 한마디로 고넬료는 경건한 사람이었습니다.

경건은 마음속에만 갇혀 있을 수 없습니다. 진정한 경건은 하나님과의 관계로부터 시작해서 다른 사람들과의 관계에서도 드러납니다. 군대는 다양한 사람을 만나서 새로운 관계를 맺는 장소입니다. 그런 점에서 군대는 경건의 훈련장이 될 것입니다.

가족 및 친구들과 관계 맺기, '선한 영향력'

고넬료는 하나님을 경외하고, 유대 백성에게 칭찬과 존경을 받는 사람이었습니다. 그런데 이 말은 고넬료 자신이 한 말이 아니라, 베드로를 찾아갔던 고넬료의 하인들의 입에서 나온 것이었습니다 (행 10:22). 고넬료와 함께 살아 그의 평소 생활에 대해서 누구보다 잘

● 소비 행위 등을 통해 개인의 신념이나 가치관을 표출하는 것을 의미합니다. 자신의 정치적·사회적 신념이나 가치관, 취향, 성향, 주장 등을 밖으로 드러내는 행위를 말하는 것으로 '커밍아웃'(coming out)에 빗대어 만든 신조어입니다.

알고 있는 하인들이 그를 '찐으로' 인정한 것입니다.

또한 고넬료는 자신의 집에 베드로를 초청할 때 그의 친척과 가까운 친구들까지 불러서 기다리고 있었습니다(행 10:24). 만약 고넬료와 친지들 사이에 돈독한 신뢰 관계가 없었다면 누구도 그 자리에 함께하지 않았을 것입니다. 당시에 유대 사람과 이방 사람이 사귀거나 가까이하는 일은 불법으로 여겨졌기 때문입니다(행 10:28). 하지만 고넬료는 믿을 만하고 선한 영향력을 주는 사람이었기에 많은 사람이 그를 보고 동참했습니다. 그리고 고넬료 덕분에 그 자리에 있던 모든 사람이 하나님의 구원을 경험하게 되었습니다. 베드로가 전하는 복음을 들은 그들에게 성령님이 임하시어 예수님의 이름으로 세례를 받게 된 것입니다(행 10:44-48).

사람의 진짜 모습은 자기보다 낮은 사람, 쉬운 사람, 편한 사람을 상대할 때 나타난다고 합니다. 그런 점에서 가족이나 친구들에게, 또한 하급자에게 인정받는 것이 그 사람에 대한 가장 정확한 평판을 나타낼 것입니다. 외부인(유대인)들에게 친절하고 자애로운 군인 고넬료의 이미지는 가면을 쓴 모습이나 '부캐'(Multi-Persona)*가 아니었습니다. 그는 자신과 가까운 사람들에게도 한결같았습니다. 사람들에게 따뜻한 마음씨인 '인정'을 베푼 고넬료는 많은 사람으로부터 '인정'을 받았습니다.

● 본래 게임에서 사용되던 용어로, 온라인 게임에서 본래 사용하던 계정이나 캐릭터 외에 새롭게 만든 '부 캐릭터'를 줄여서 부르는 말입니다. 이후 일상생활로 사용이 확대되면서 '평소 자신의 모습이 아닌 새로운 모습이나 캐릭터로 행동할 때'를 가리키는 말로 사용되고 있습니다.

군대에서의 경건한 모습은 어디에서 드러날까요? 바로 생활관입니다. 전투복이 아닌 간편한 생활복을 입고 모든 긴장이 해제된 상태에서 가장 편한 모습을 보는 생활관 동기들이 우리의 본모습을 알고 있습니다. 전설적인 복음 전도자 무디(D. L. Moody) 목사님이 이런 말을 남겼습니다. "100명 중 한 명은 성경을 읽고, 나머지 99명은 크리스천을 읽습니다." 군대는 크리스천보다 비크리스천이 더 많은 집단입니다. 성경을 직접 읽는 사람보다 우리와 같은 크리스천을 통해 예수님과 교회를 알게 되는 사람이 훨씬 더 많은 곳입니다.

예수님은 우리를 세상의 '빛과 소금'으로 부르셨습니다(마 5:13-14). 이것을 군대식으로 표현해 보면, 우리는 부대의 '랜턴과 맛다시'*로 부르심을 받은 것입니다. 우리가 세상의 빛이면 빛의 자녀답게 행동해야 합니다. 빛의 열매는 모든 착함과 의로움과 진실함에 있다고 성경은 말씀합니다(엡 5:8-9). 군 생활 중에 착하고 의롭고 진실한 성품을 비롯한 선한 영향력을 통해 하늘에 계신 아버지께 영광을 돌리고(마 5:16), 하나님이 허락하신 모든 관계를 아름답게 하는 당신이 되기를 응원합니다.

● 군대에서 애용되는 볶음 고추장의 상품명을 말합니다. 고추나라 맛다시, 산채비빔 맛다시, 참치 맛 맛다시 등 세 종류의 상품이 있습니다.

Q. 당신은 군 생활을 통해서 '누구와의 관계'에 집중해 볼 생각입니까?

A. _____

_____

_____

Q. 당신은 하나님과 어떻게 관계를 맺고 있습니까? 당신은 하나님을 경외하는 사람입니까?

A. _____

_____

_____

Q. 지금까지 당신은 사람들과 관계를 맺을 때 어떤 점들을 중요하게 여겼습니까? 경건한 삶을 통해 주변 사람들에게 선한 영향력을 끼치는 크리스천으로서 인정받은 적이 있습니까?

A. _____

_____

_____

자대에 온 지 얼마 되지 않은 홍 일병은 생활관에서 유일한 크리스천입니다. 생활관을 배정받자마자 옆 생활관에서 선임들이 생활관 안으로 몰려 들어옵니다. 간단한 자기소개를 마친 그때, 홍 일병의 인식표[•]에 달려 있던 십자가를 본 선임 한 명이 "너, 교회 다니냐?"라고 묻습니다. 그렇다고 대답하자 '개독'이라고 칭하며 다들 웃습니다. 웃음이 잦아들고 "그럼 주말에 교회 가야겠네"라는 선임의 말에 어떻게 하면 갈 수 있는지를 물어봤지만 누구도 답을 해 주지 않습니다.

결국 행정반에 직접 가서 물어보는 수밖에 없었습니다. 예배에 참석하기 위해서는 매주 '종교 행사 인원 종합 보고'를 해야 한다는 안내를 받고 보고하기 위해 간부를 찾아갔습니다. 그러자 간부로부터 "아무리 교회가 부대 안에 있어도 가려면 전우조^{••} 활동을 해야 하는데, 같이 갈 사람은 있어?"라는 질문을 받았습니다. 생활관에 교회에 다니는 사람이 없어서 혼

● 　인식표(Identification tag)는 이름, 군번, 혈액형 따위의 인적 사항을 새긴 타원형의 얇은 쇠붙이입니다. 군인마다 군번줄에 매어 목에 걸고 있습니다.

●● 대한민국 육군에서 용사들을 대상으로 실시하는 제도로서 일종의 연대 책임입니다. 예를 들어, 화장실을 가거나 생활관 밖에 있는 장소에 갈 때 혼자가 아닌 두 명 이상이 함께 이동하는 시스템입니다.

자 왔다고 하니 전우조 없이는 활동이 힘들다는 말을 듣게 됩니다. 결국 그 주에는 교회에 가지 못했습니다. 혼자라도 기도를 드리려 했으나 생활관에서는 주변의 시선이 따가워서 하지 못하고, 개인적으로 시간을 가질 적절한 장소도 마땅치 않았습니다.

결국 홍 일병은 예배와도 멀어지고, 기도 생활도 뜸해지기 시작했습니다. 주말에 다른 활동을 하며 쉬는 시간이 늘어 가자 결국 홍 일병은 하나님과 멀어져 갔습니다. 일병에서 상병으로 진급한 지 3개월이 되던 날, 새로 들어온 병사 두 명이 교회에 다닌다고 합니다. 반가운 마음에 자신도 교회에 다닌다고 말하다가 문득 하나님과 멀어지고 그 시간에 휴식을 취하던 자신의 모습을 돌아보게 됩니다.

Q. 당신이 홍 일병이라면 하나님과의 관계와 전우(생활관 동기)들과의 관계를 어떻게 풀어 나가겠습니까?

A. _____

_____

_____

마침 점호

1. 진정한 관계는 '하나님과의 관계'로부터 시작됩니다.

2. 하나님과의 관계 맺기는 그분을 '경외'하는 것입니다.

3. 이웃(전우)과의 관계 맺기는 '경건한 삶'을 통해 이루어집니다.

4. 나와 가장 가까운 사람들에게 '선한 영향력'을 미칠 때 진짜 크리스천으로 살게 됩니다.

5. 군대는 다양한 관계를 맺고 살아가는 '훈련장'이 될 것입니다.

함께 드리는 기도

인생의 모든 만남을 허락하시는 하나님! 군 생활 중에 우리가 마주할 모든 관계 속에서 경건의 훈련에 힘쓰기를 원합니다. 가지가 포도나무에 붙어 있지 않으면 스스로 열매를 맺을 수 없는 것처럼, 우리가 하나님을 떠나서는 아무것도 할 수 없음을 고백합니다. 모든 관계의 시작이신 삼위일체 하나님과의 친밀함이 다른 사람과의 관계에서도 흘러나오기를 원합니다. 하나님 사랑이 전우 사랑으로 흐르게 하시고, 하나님을 두려워하는 마음으로 선후임과 동기들을 존중하게 하소서.

다양한 관계를 훈련할 수 있는 군대에서 하나님을 경외하고, 전우들에게 경건의 삶을 실천하며, 생활관 동기들에게 선한 영향력을 미칠 수 있는 그리스도의 향기이자 그리스도의 편지가 되게 하소서. 그렇게 세상의 빛과 소금으로서 군대의 랜턴과 맛다시가 되어 하늘에 계신 아버지께 영광 돌리는 군 생활이 되게 하소서.

우리와 친밀한 관계를 맺기 위해 가장 낮은 곳으로 오신 예수 그리스도의 이름으로 기도합니다. 아멘.

MILITARY

8. Yes

순종을 연습하고
훈련하기

그리스도의 제자로 부름 받았다면,
군대에서도 우리는 예수님이 보이신
순종의 삶을 이어 가야 합니다.

참고 영상
CBSTV 올포원, <순종보다 생존을 택했던 사람들의 최후!>,
김병삼 목사
https://www.youtube.com/watch?v=K_xUDfZN2yM

추천 찬양
마커스 워십, <그가 오신 이유>
https://www.youtube.com/watch?v=72JP5LJV5qo

8. Yes

윤 훈련병은 이제 막 육군 훈련소 생활 2주차에 접어든 새내기 훈련병입니다. 그는 또한 늦깎이 훈련병입니다. 대학교 학부 과정을 마치고 석사 과정까지 졸업한 상태에서 다른 훈련병들보다 조금 늦은 나이에 군에 들어왔습니다. 현재 훈련소 입소 후 약 일주일이 지난 시점이지만, 여전히 처음 접하는 군대 문화와 환경이 낯설고 어렵습니다. 게다가 앞으로 이겨 내야 할 18개월의 군 생활을 생각하면 참 막막하기만 합니다.

그중에서도 지금 그를 가장 힘들게 하는 것은 다름 아닌 훈련소 내의 다양한 통제와 규율입니다. 본인이 보기에 '불필요해 보이는 각종 통제'와 '쓸모없어 보이는 다양한 규칙'이 그를 꽤나 힘들게 하고 있습니다. 그도 그럴 것이, 군에 들어오기 전 그는 부모님에게서 독립해 학교 근처 자취방에서 대학을 다니며 약 6년간을 자유롭게 생활했습니다. 모든 것을 자신의 뜻대로 결정하고 행동할 수 있었습니다. 그런데 하루아침에 달라진 생활환경 그리고 그에게 강요되는 다양한 통제와 규칙이 퍽이나 괴로웠습니다.

Q. 윤 훈련병처럼 '별로 하고 싶지 않지만 해야 하는 일들'이 있을 때
당신은 보통 어떤 마음을 가지고 어떻게 행동합니까?

A.

Q. 만약 당신이 앞의 상황을 겪고 있는 윤 훈련병을 만나 조언을 할
수 있다면 어떤 조언을 해 줄 것입니까?

A.

"조금 나아가사 얼굴을 땅에 대시고 엎드려 기도하여 이르시되 내 아버지여 만일 할 만하시거든 이 잔을 내게서 지나가게 하옵소서 그러나 나의 원대로 마시옵고 아버지의 원대로 하옵소서 하시고"(마 26:39).

작전명: 십자가

'온 인류의 죄를 사하고 구원의 길을 열라'는 명(命)을 품고 이 땅 가운데 오셨던 예수님을 '군인'에 비유해 봅니다. '명령을 하달 받은 군인, 예수님'에게 그 위대한 명령을 하달한 '지휘관'은 공의와 사랑의 하나님이셨습니다. 만약 하나님께서 예수님에게 하달하신 '명령문'이 있었다면, 아래와 같이 쓰여 있었을 것이라는 상상을 해 봅니다.

작전명: 십자가

작전 목적: 인류 구원

작전 수행 중점: 순종

예수님은 지휘관 되시는 하나님의 중차대한 십자가 명령을 '온몸'으로 순종하여 완수해 낸 '충성스러운 군인, 살신성인(殺身成仁)의 표본'이셨다고 비유적으로 말할 수 있습니다. 이렇듯 예수님의 전 생애는 한마디로 '순종의 삶 그 자체'였습니다. 그리고 공생애 기간 중 이루신 '순종의 절정'은 바로 십자가 사건이라 할 수 있습니다. 예수님은 십자가 위에서의 숭고한 죽음과 희생으로 하나님께서 맡겨 주신 '명령과 임무'를 최종적으로 완수하셨습니다. 그리고 예수님은 불꽃 같았던 33년 평생을 마치 작전 현장에서 임무 완수만을 추구하는 군인처럼, 어떤 고난과 박해 속에서도 오로지 당신에게 주어진 '임무', 즉 '십자가 대속 사역'만을 향해 뚜벅뚜벅 걸어가셨습니다. 예수님의 공생애 사역은 한결같이 '십자가'를 향하고 있었습니다. 그리고 결국 예수님은 최종 목적지인 골고다 언덕, 외로운 십자가 위에서 죽으심으로 아버지 하나님의 명령에 '온몸'으로 'Yes'(순종)를 외치셨습니다.

한편, 예수님은 임무 완수를 위한 D-1일, 그러니까 순종의 십자가를 지기 바로 전날 밤, 제자들과 함께 겟세마네 동산에 올라 절규하듯 기도하셨습니다. 그 마지막 기도에 '지휘관'이신 하나님에 대한 충성스러운 순종의 마음이 고스란히 담겨 있습니다.

"내 아버지여 만일 할 만하시거든 이 잔을 내게서 지나가게 하옵소서 그러나 나의 원대로 마시옵고 아버지의 원대로 하옵소서 하시고"(마 26:39).

십자가라는 거대한 명령의 '잔'이 지나가면 좋겠다고 고백하시는 예수님의 기도에서, 우리는 '인간 예수'가 느꼈던 내면의 저항과 괴로움을 보게 됩니다. 물론 앞에서 나누었던 윤 훈련병이 느낀 '군 생활에 대한 내면의 저항' 정도와는 비교할 수 없이 더 큰 괴로움과 고통이었겠지만, 예수님 역시 '지나갔으면 좋을 것 같은 쓴 잔'(피하고 싶은 일, 마주하고 싶지 않은 일)을 인내하며 순종하는 마음으로 기꺼이 마주하셨던 것입니다. 이처럼 순종은 결코 쉬운 일이 아닙니다. 순종이 이루어지기 전, 우리는 누구나 자신의 고집과 생각, 순종하고 싶지 않아 하는 '내면의 저항'을 겪는 과정을 반드시 거쳐야 하기 때문입니다.

그래서 예수님에게는 기도가 필요했습니다. 순종하려는 자는 기도하는 자이며, 기도하는 자만이 순종할 수 있습니다. 내면의 저항을 잠재우고 순종하게 하는 힘이 기도에서 나오기 때문입니다. 겟세마네 동산에서의 예수님의 기도를 볼 때, 진실한 기도는 자신의 뜻을 더 큰 뜻 앞에서 포기할 수 있도록 하는 힘을 줍니다. 자신의 생각보다 더 '큰 뜻', '더 위대한 명령'을 주목하게 합니다. 결국 우리 신앙생활의 핵심이 우리가 예수님의 길을 따르는 데 있고, 예수님의 전 생애와 마지막 순간이 '순종', 하나님의 명령에 대한 'Yes'로 가득 채워져 있다면, 우리 신앙생활의 핵심은 결국 순종이라 해도 과언이 아닙니다.

"그가 아들이시면서도 받으신 고난으로 순종함을 배워서 온전하

142

게 되셨은즉 자기에게 순종하는 모든 자에게 영원한 구원의 근원
이 되시고"(히 5:8-9).

우리는 겟세마네 동산에서 드려진 예수님의 기도에서 '순종의 원
리'를 발견하게 됩니다. 이 순종의 원리는 또한 영어 이니셜을 따
라 크게 세 가지 원리(3R)로 구분됩니다. '관계'(Relationship), '경외
감'(Respect), '반복'(Repeat)이 예수님께서 우리에게 보여 주신 순종을
위한 세 가지 원리입니다.

R1: 순종은 '관계'(Relationship)에서 시작된다

예수님의 기도는 '아들이신 예수님'께서 아버지 하나님께 드리는 기
도였습니다. 예수님은 기도의 처음을 '내 아버지여'로 시작하고 계십
니다.

"조금 나아가사 얼굴을 땅에 대시고 엎드려 기도하여 이르시되
내 아버지여"(마 26:39).

이를 볼 때, 순종은 관계성을 전제하는 개념입니다. 즉, 우리의 순
종은 하나님과의 인격적인 관계에서 시작됩니다. 우리의 저항과 고

집, 생각을 꺾을 힘도 하나님과의 내밀한 영적인 관계에서 주어집니다. 친밀한 교제와 관계가 결여된 상태에서 우리는 결코 온전한 순종의 열매를 맺을 수 없습니다. 즉, 우리가 만약 하나님과의 관계 그리고 그 관계 속에서 주어지는 친밀함을 누리는 영적 생활이 무너져 있다면, 하나님의 명령과 '큰 뜻'을 주목하기보다 우리의 생각과 고집을 주목하며 방만하게 살아가기가 쉽습니다.

그러므로 우리는 지식적으로 알고 있는 하나님의 말씀에 율법적, 행위적으로 무조건 순종하려 들기보다, 순종을 위한 선행 원리가 되는 '하나님과의 관계'를 온전히 회복해야 합니다. 관계가 순종의 출발이며, 관계에서 주어지는 순종만이 참된 순종이기 때문입니다. 이를 위해 우리는 기도를 통해 하나님의 '아버지 되심'과 우리의 '자녀 됨'을 수시로 깊이 묵상하고 고백해야 합니다. 우리는 기도를 통해 깨어져 있는 하나님과의 인격적 관계를 회복할 수 있고, 또 인격적 관계를 온전히 회복하고 누리는 사람들만이 하나님 앞에 또다시 기도함으로 자신의 생각을 비우고 하나님의 뜻을 순종하는 과감한 도전을 '감행'(敢行)할 수 있습니다.

R2: 순종은 '경외감'(Respect)에서 주어진다

예수님께서 기도하기 전에 취하신 자세에 대해 마태는 다음과 같이 묘사합니다.

> "조금 나아가사 얼굴을 땅에 대시고 엎드려 기도하여 이르시되"
>
> (마 26:39).

예수님이 기도 전에 취하신 '자세'(pose)에서 우리는 예수님이 하나님 아버지를 향해 가지고 계셨던 마음의 '자세'(attitude)를 봅니다. 얼굴을 땅에 대고 엎드려 기도함으로 예수님은 아버지 하나님에 대한 최고의 '경의'(敬意)와 무한한 '경외감'의 극치를 보이셨습니다. 이 대목에서 알 수 있듯이, 순종은 하나님을 경외하는 자들만이 맺을 수 있는 위대한 열매입니다. 경외감은 결국 피조물인 우리 삶에 있어 하나님을 진정한 창조주로 인정하는 마음의 '겸손'이자, 하나님을 우리 삶의 진정한 주인으로 인정할 줄 아는 '내면의 힘'과 같습니다. 하나님 앞에서 갖는 그 겸손과 마음의 힘이 상실된 상태에서 우리는 삶의 주인을 우리 자신으로 설정해 둘 수밖에 없습니다. 하나님이 우리를 다스리고 통치하는 왕이실 수 없기에, 우리의 삶에 하나님 나라가 이루어질 수 없습니다. 이처럼 하나님을 경외하는 마음은 하나님의 말씀에 순종하려는 마음과 잇닿아 있습니다.

아브라함 이야기에서도 우리는 비슷한 원리를 발견하게 됩니다. 하나님께서 독자 이삭을 바치라고 명하셨을 때 고민 끝에 순종을 결단한 아브라함에게 이렇게 말씀하십니다.

"사자가 이르시되 그 아이에게 네 손을 대지 말라 그에게 아무 일
도 하지 말라 네가 네 아들 네 독자까지도 내게 아끼지 아니하였
으니 내가 이제야 네가 하나님을 경외하는 줄을 아노라"(창 22:12).

하나님은 아브라함이 내면의 저항을 뚫고 순종하고자 했을 때, 그
가 하나님을 진심으로 경외한다는 것을 인정하십니다.

R3: 순종은 '지속과 반복'(Repeat)에서 주어진다

마태복음 26장 39-44절을 보면, 예수님은 세 번 똑같은 말씀으로 기
도하셨습니다. "또 그들을 두시고 나아가 세 번째 같은 말씀으로 기
도하신 후"(마 26:44). 예수님께서 같은 말씀으로 세 번, 동일하게 기도
하신 이유를 우리는 어떻게 이해할 수 있을까요? 우리는 이에 대한
답을 다시 예수님의 기도로부터 찾아보아야 합니다.

"이 잔을 내게서 지나가게 하옵소서"(마 26:39).

'인간 예수'는 육신을 입은 실존으로 십자가 앞에서 분명 저항을
느끼셨습니다. 이는 말씀이 증언하는 바, 분명한 사실입니다. 이 증언
을 근거로, 우리는 예수님의 반복된 기도가 지니는 의미를 상상해 볼

수 있습니다. 여기서 예수님의 반복적이고 끈질긴 기도는 아버지의 명령을 거스르려는 내면의 저항을 꾹꾹 누르고 어떻게든 순종해 보고자 하셨던 '영적 몸부림'이 아니었을까요? 이와 비슷한 원리를 누가복음에서도 발견할 수 있습니다.

> "또 무리에게 이르시되 아무든지 나를 따라오려거든 자기를 부인하고 날마다 제 십자가를 지고 나를 따를 것이니라"(눅 9:23).

예수님을 따르는 순종의 행위는 자신의 뜻을 부인하는 데에서 이루어집니다. 그리고 그 행위는 '날마다' 이루어지는 습관이 되어야 합니다. '자아'와 '자신의 뜻'은 끊임없이 되살아나기 때문입니다. 자신의 뜻을 포기하고 주님의 뜻에 순종하는 '십자가 지기'의 과정은 반복과 지속이 요청되는 일입니다. '날마다'가 내포하고 있는 반복성, '세 번 기도'에 담긴 '치열한 몸부림'이 생략된 순종은 온전한 순종이 아닐 가능성이 높습니다. 그러므로 순종은 지속적으로 순종하려는 사람만이 맺을 수 있는 값진 열매입니다.

군대, '예수님의 Yes'를 배우는 곳

본문을 통해 생각할 때, 크리스천 청년들에게 군대는 어떤 곳일까요? '예수님의 Yes(순종)'를 깊이 배울 수 있는 곳, '순종'을 연습하고 훈련할 수 있는 최적의 현장입니다. 사회에서 우리는 비교적 자유롭게 선택하고 판단하며 얼마든지 마음껏 행동할 수 있습니다. 그러나 군대는 다릅니다. 모두가 알다시피 군대에서 우리는 많은 제약과 제한을 경험하게 될 것입니다. 이러한 사실 때문에 청년들은 대체로 군 생활을 힘들어합니다. 내 마음대로 자유롭게 무엇인가를 할 수 없다는 생각에서 빚어지는 '답답함과 막막함'이 군 생활을 어렵게 만드는 가장 근본적인 원인입니다. 마치 윤 훈련병처럼 말입니다.

그런데 조금만 관점을 바꿔 보면, 군대는 영적으로 매우 유익한 현장이 될 수 있습니다. 사회에서 가지고 있던 '나의 무한한 자유'에 많은 제한이 걸린다는 것을 나쁘게만 볼 것은 아닙니다. 이를 영적인 측면에서 조금 다르게 생각해 봅시다. 군대 안에서 마음에 내키는 대로 모든 것을 할 수 없다는 것은 곧 군대라는 현장이 그만큼 '나의 뜻'을 포기하고 나의 '자아'를 십자가에 못 박는 '인내'를 연습할 수 있는 최적화된 장소라는 뜻이 되지 않을까요? 인내가 체질화되지 않은 상황에서 모든 것을 자신의 결정대로 행할 수 있는, '인내의 근력'이 전혀 없는 상태에서 하나님의 말씀을 따라 '나의 뜻'을 포기하는 차원의 '순종하기'가 과연 쉽게 이루어질까요? 세상에서 너무 쉽게 모든 것을 스스로의 결정에 따라 살아가는 사람이 과연 하나님의 뜻에 조율되어 자신의 뜻을 포기하는 '감행'(敢行)을 시도해 볼 수 있을까요?

그렇기에 군대는 '순종'을 끊임없이 연습할 수 있는 '훈련장'입니다. 영적 렌즈를 벗고 군 생활을 마주하면 그저 꾸역꾸역 견뎌 내야만 하는 '고통'의 시간일 것입니다. 그러나 '순종'의 렌즈, '예수님의 Yes'를 기억하며 군 생활에 의미 부여를 해 본다면, 군대에서의 시간은 마냥 괴로운 고통의 시간이 아닐 것입니다. 우리의 뜻이 자유롭고도 무한하게 팽창되는 상황은 영적인 측면에서 볼 때 그리 안전한 환경은 아닙니다. 다소 제약이 있는 것이 은혜이며, '옮겨졌으면 하는 잔'을 마셔야 할 환경에 놓여 있다는 것이 영적으로 유익한 일입니다. 군대는 이렇게 우리에게 통제와 제약 그리고 그에 따른 인내를 훈련시켜 주는 학교이자, 하나님의 말씀 앞에서 우리의 삶을 돌아보고, 관찰하며, 또 성장할 수 있도록 돕는 현장입니다. 당신이 앞으로 입대하게 될 군대를 그러한 관점으로 볼 수 있기를 기대합니다.

Q. R1(Relationship): 지금 당신과 하나님과의 관계는 어떠합니까?

A.

Q. R2(Respect): 지금 하나님 앞에서의 당신의 태도는 어떠합니까?

A.

Q. R3(Repeat): 당신은 지속적으로 자신의 뜻을 부인하고 있습니까?

A.

Q. 군대가 '예수님의 Yes'를 연습하고 훈련할 수 있는 현장이라는 메시지가 당신에게 어떻게 다가옵니까?

A.

군인이 되어 제복을 입는 순간부터 나를 둘러싼 많은 것이 달라지고 바뀌게 되는데 그중 인사하는 방법도 하나입니다. '군예식령'에서는 군인의 인사 즉 경례에 대해서 "국가에 대한 충성의 표시 또는 군인 상호 간의 복종과 존중 및 전우애의 표시로서 행하는 예의이며, 이는 엄정한 군기를 상징하는 군대예절의 기본이 되는 동작이므로 항상 성의를 가지고 엄숙단정하게 행해야 한다"고 명시했습니다.

경례의 종류는 다양하지만, 일반적으로 알려진 것이 '거수경례'입니다. 거수경례는 오른손을 최단 거리로 올려 집게손가락과 가운뎃손가락 사이를 오른쪽 눈썹의 끝부분에 붙이는 인사법으로 군인의 패기와 멋을 잘 표현해주는 대표적인 행동 중 하나입니다. 입대한 청년들은 육·해·공군, 해병대에 따라 다소 차이는 있지만 4-6주간의 신병교육을 받습니다. 이 기간 동안 전투 임무에 필요한 기초적인 교육을 받지만, 군대 예절 교육도 익히게 됩니다.

자대 배치를 받고 나서도 신병교육 기간에 배운 사항들을 잘 실천하며 선후임 및 동기들과 적응해나갑니다. 그런데 시간이 지나다 보면 배운 대로 실천하는 것에 게으름이 생기곤 합니다. 그 대표적인 사례가 휴가 중 공공시설 등에서 만난 상급자에 대한 경례입니다. 손꼽아 기다린 휴가 기간을 보내기 위해 버스를 타고, 기차를 타고 용산역에 내렸습니다. 용산역 여행장병안내소에 잠시 들러 복귀 날의 차편을 알아보고 역을 나가려는데 정면에서 군복 입은 간부 한 명이 다가옵니다. 순간 망설여집니다. '돌아설까, 경례를 할까?' 대부분은 멋지게 거수경례를 하고 지나갑니다. 그러나 일부는 돌아서 가거나 못 본 체합니다. 갑자기 핸드폰을 꺼내 들여다보면서 그냥 지나가기도 합니다. 마주 오는 분이 나랑 같은 군복을 입지 않은 타군이면 더 자연스럽게 못 본 듯 행동합니다. 그런데 뭔가 마음이 무겁고 편하지 않습니다.

[출처: 김성완, 《슬기로운 군대생활》(미션그라운드)]

Q. 앞의 글처럼 군인으로서 '뭔가 마음이 무겁고 편하지 않은' 이유는 무엇일까요? 크리스천 청년으로서 '존중이나 복종의 동작'을 의미하는 경례를 하는 것은 어떤 의미가 있을까요?

A.

마침 점호

1. 순종은 예수님이 이 땅 가운데서 전 생애를 걸쳐 수행하신 사역의 핵심이었고, 예수님이 보여 주신 순종의 절정은 '십자가 위에서' 나타납니다.

2. 예수님께서 보여 주신 순종의 원리는 십자가를 지시기 전에 드려진 기도에서 잘 나타납니다. 우리는 그 원리를 '세 가지(R)'로 나누어 살펴볼 수 있습니다.

3. R1: 순종은 하나님과의 인격적인 '관계'(Relationship)에서 시작됩니다.

4. R2: 순종은 하나님을 향한 우리의 '경외감'(Respect)에서 비롯됩니다.

5. R3: 순종은 지속적이고 '반복적인'(Repeat) 자기 부인의 과정을 수반합니다.

함께 드리는 기도

사랑의 주님, 우리 삶 가운데 아름다운 순종의 열매가 맺히기를 원합니다. 하나님과의 관계가 회복되게 하시며, 하나님을 나의 삶의 참 주인으로 인정하고 경외하는 은혜가 있게 하시고, 하나님의 뜻에 순종하기 위해 '몸부림치며' 날마다 자기를 부인하는 십자가의 길을 걷게 하소서.

군대라는 현장을 두렵고 막막한 곳으로 보지 않게 하시고, 인내와 순종을 연습하고 체질화할 수 있는 곳으로, 우리를 성숙하고 성장하게 하는 기대되는 현장으로 마주하게 하소서. 온몸과 전 생애로 하나님의 뜻에 'YES'하셨던 주님을 따라, 우리도 나의 뜻을 포기하고 주님의 뜻에 'YES'하며 걷는 당신의 참 제자가 되게 하소서.

예수 그리스도의 이름으로 기도합니다. 아멘.

부록

- ○ 부대 생활 Q&A
- ○ 신앙생활 Q&A

부대 생활 Q&A

Q1. 군 입대를 계획하고 있는 스무 살 청년입니다. 언제 입대하는 게 가장 좋은가요?

A. 병역법에 따라 만 18세부터 28세까지의 기간에 입대할 수 있습니다. 입대 시기는 사람마다 다르지만, 현역병 입대의 경우에는 대부분의 청년이 21-23세의 나이에 입대하여 군 복무를 하고 있습니다. 대학을 다니고 있다면 휴학과 복학 시기 등을 고려하여 입대 날짜를 정하는 것이 좋습니다. 입영 통지서를 받고 입대하는 방법도 있지만, 모집병에 지원하여 복무하는 것도 좋은 방법입니다. 모집병에는 기술 행정병, 취업 맞춤 특기병, 전문 특기병, 어학병, 카투사, 동반 입대병, 연고지 복무병, 직계 가족 복무 부대병 등이 있는데 자신의 전공, 자격, 경력에 맞게 군 생활을 하는 것도 의미 있을 것입니다.

Q2. 입대하고 나서 지급받는 품목과 입대 시에 지참하지 말아야 할 품목을 알고 싶습니다. 입대 준비물에는 무엇이 있나요?

A. 입대 준비물 중 필수품으로는 나라사랑카드, 신분증, 입영 통지서

가 있습니다. 병 특기 분류 시 필요하니 기술 자격 및 면허증, 경력 증명서의 사본을 준비하면 좋습니다. 질병이 있다면 입증할 수 있는 처방전 등의 서류가 신체검사 시에 필요하니 지참하는 것이 좋습니다. 전자시계가 있으면 좋고, 현금은 필요하지 않습니다. 입대할 때 개인 의약품, 선크림 등 화장품, 여분의 안경 및 안경 벗겨짐 방지 고무줄은 지참 가능합니다. 입대 전부터 복용하던 의약품(당뇨, 고혈압, 피부질환)이 있다면 군의관 확인 후 복용이 가능하고, 스킨 및 로션 등의 화장품은 튜브나 플라스틱 용기에 담긴 것만 지참 가능합니다. 렌즈는 세척 등의 시간이 어려워 착용이 제한되니 참고하세요.

지참 불가한 품목으로는 보석 등 귀중품과 전자 제품, 담배(전자담배 포함)와 라이터 등이 있습니다. 훈련소나 신병 교육대 앞에서 판매하는 군번줄, 양말, 깔창, 무릎 보호대 등은 구매하지 않아도 괜찮습니다. 입대 첫날 군 생활에 필요한 품목을 모두 지급받게 됩니다. 피복, 전투화, 운동화, 슬리퍼, 속옷, 양말, 세면 가방, 수건 등을 지급받으니 염려하지 마세요.

Q3. 군대는 기상 시간이 정해져 있다고 하는데, 기상 후 아침 일정이 궁금합니다.

A. 군대는 하계 일과와 동계 일과를 적용합니다. 하계 일과 시에는 06시에 기상해서 과업을 시작하고, 동계 일과 시에는 06시 30분에 기상해서 과업을 시작합니다. 기상 후 침구류를 정리하고 나면 아침 점호를 합니다. 아침 점호는 인원 및 건강 상태 확인, 애국가 제창, 복무 신조 제창, 조국 기도문 낭독, 국군 도수 체조, 체력 단련(체조, 뜀걸음 등) 순으로 진행됩니다. 군대의 하루는 점호로 시작해서 점호로 끝납니다. 점호는 부대의 전투력인 장병 개개인의 건강 상태와 이상 유무를 체크하는 중요한 시간이기 때문입니다.

Q4. 체력이 약한 편인데 군대에서 하게 될 체력 단련을 생각하니 긴장이 됩니다. 체력 단련에 좋은 방법이 있을까요?

A. 군에서 측정하는 체력 단련 종목에는 윗몸 일으키기, 팔 굽혀 펴기, 3킬로미터 달리기가 있습니다. 각 종목별로 나이 대에 따라 특급, 1급, 2급, 3급에 해당하는 목표가 있습니다. 25세 이하는 윗몸 일으키기 86개 이상, 팔 굽혀 펴기 2분간 72개 이상, 3킬로미터 달리기 12분 30초 이하이면 특급입니다.

군에서의 체력 단련은 전투력을 유지하고 향상하기 위한 필수 요소입니다. 기초 군사 훈련 때부터 전역하기 전까지 군 생활과 체력 단련은 분리할 수 없는 관계입니다. 체력 단련에 대해 너무 걱정하지 마세요. 군 입대 전에 규칙적인 생활 습관을 형성하고 적당한 운동을 통해 기초 체력 향상을 위해 노력하면 어렵지 않게 군 복무에 적응할 수 있습니다. 군 입대 후에도 개인 정비 시간과 주말 시간을 활용해서 체력 단련을 위해 노력하면 체력 향상에 도움을 얻을 수 있습니다. 군 복무 기간은 기초 체력을 업그레이드할 수 있는 너무나 좋은 기회입니다.

Q5. 군대에서의 식사가 궁금합니다. 식사량과 식단은 어떻게 되나요?

A. 군대의 식단은 장병들의 충분한 영양 공급과 선호도를 고려하여 선정합니다. 조식, 중식, 석식이 서로 다른 다채로운 메뉴로 구성되며, 1인이 하루에 3,000킬로칼로리 정도를 섭취할 수 있도록 식사를 준비합니다. 부대마다 조금씩 차이가 있지만, 생일 축하 기념 식단, 삼겹살 데이, 분식 데이 등을 월 1회 운영하여 장병들에게 특색 있는 식단을 제공하기 위해 노력하고 있습니다.

Q6. 군에 입대하면 기초 군사 훈련을 받는 시기부터 전역할 때까지 계속 불침번이라는 근무를 해야 한다고 들었습니다. 불침번은 무엇입니까?

A. 불침번은 야간 돌발 상황 발생 시 부대의 신속한 대응을 위해 수

행하는 임무입니다. 취침 인원 점검, 생활관 온도 및 습도 확인 등이 근무 중 주로 하게 되는 일입니다. 보통 이틀에 한 번, 한 시간 정도 근무를 하게 됩니다. 22시에 임무를 시작하는 첫 근무자를 제외한 근무자들은 중간에 잠에서 깨어 임무를 수행해야 하기 때문에 처음에는 적응이 쉽지 않습니다. 불침번은 부대와 전우들의 밤을 지켜 주는 매우 중요한 임무입니다.

Q7. 일과가 끝나면 개인 정비 시간이 주어지는데, 개인 정비 시간에 할 수 있는 것은 무엇입니까?

A. 저녁 식사 후부터 저녁 점호 전까지 개인 정비 시간이 주어집니다. 빨래, 사물함 정리 정돈, 전투화 손질, 총기 손질 등 과업 후에 개인이 처리해야 할 일들을 주로 하게 됩니다. 기초 군사 훈련 시에는 훈련 내용이나 군가 등 배운 것을 복습할 수도 있습니다. 여유가 있다면 편지를 쓰거나 동기들과 함께 체력 단련을 할 수도 있습니다. 자대 배치를 받은 후에는 기초 군사 훈련 때 가능했던 사항뿐 아니라 자격증 공부 등 자기계발과 스마트폰 활용이 가능합니다. 개인 정비 시간을 잘 활용하면 군 복무 기간 중 많은 성장을 이룰 수 있습니다.

Q8. 현역병으로 입대를 예정하고 있습니다. 기초 군사 훈련 일정을 알고 싶습니다.

A. 부대마다 조금씩 차이가 있지만, 대체적으로는 5주간 기초 군사 훈련이 진행됩니다. 아래의 표에는 주차별 대표적인 교육들만 표시해 두었습니다. 제식 교육은 1-5주차에 걸쳐 12시간 이상 진행되며, 정신 전력 교육은 1-5주차에 걸쳐 약 20시간 이상 진행됩니다. 기본 전투 기술로는 전투 부상자 처치, 핵 및 화생방 방호, 수류탄, 각개 전투, 개인 화기 사격이 있습니다. 주말에는 종교 활동과 개인 정비를 합니다. 육군 훈련소로 입영하는 청년들은 육군 훈련소 홈페이지(https://www.katc.mil.kr/katc)에 교육 과정이 잘 설명되어 있으니 참고하기 바랍니다.

구분	1주차	2주차	3주차	4주차	5주차
교육 내용	- 입영식 - 복무 적합도 검사 - 체력 단련 - 성 인지력 향상 교육 - 예방 접종	- 정신 교육 - 군법 교육 - 제식 교육 - 전투 부상자 처치 교육 - 1차 체력 측정	- 핵 및 화생방 방호 - 개인 화기 사격(사격술 평가, 영점 사격)	- 개인 화기 사격(기초 사격) - 수류탄 훈련 - 2차 체력 측정	- 각개 전투(아미타이거) - 행군 - 수료식

Q9. 기초 군사 훈련 기간 중 전화 통화는 언제쯤 가능한지 궁금합니다.

A. 부대별로 조금씩 차이가 있지만, 보통 주말을 이용해서 10-20분 정도 통화의 기회가 주어집니다. 공중전화를 통해 통화가 가능하

163

며, 휴대폰 사용은 감염병에 의한 격리 및 방역 조치가 아닌 이상은 제한됩니다. 부대별로 교육 태도 및 성과에 대한 상점 제도가 있는데, 전화 통화를 할 수 있는 인센티브를 부여받은 경우에는 통화의 기회가 더 주어지기도 합니다.

가정에 긴급한 상황이 발생했을 때는 입소식 때 부대에서 미리 안내한 번호로 전화하면 통화 연결이 가능합니다. 과업 시간에 야외 교육장으로 출장 중이면 낮에는 통화 연결이 잘 안 될 수 있습니다. 그러나 이 경우에도 행정반 근무자에게 긴급한 상황이라고 메모를 남기면 부대에서 조치할 수 있습니다.

Q10. PX의 물품을 구매해서 택배를 통해 집으로 보낼 수 있나요?

A. PX는 영어 Post eXchange의 약자입니다. 공군에서는 BX(Base eXchange)라고 표현합니다. 요즘에는 국군복지단 마트라고 부릅니다. 국군복지단 마트의 물품을 구매해서 택배로 보내는 것은 자대 배치를 받은 후부터 가능합니다. 부대 안에 군사 우체국이 있으면 우체국 운영 시간에 택배 접수를 하면 됩니다. 부대 안에 우체국이 없으면 외출 또는 외박 시에 우체국이나 편의점 등을 이용해서 보낼 수 있습니다.

Q11. 사격 훈련은 어떻게 이루어집니까?

A. 사격 훈련은 먼저 장구류(방탄조끼, 방탄모, 총)를 착용한 후 사격장으로 이동합니다. 사격장으로 이동한 후 50미터, 100미터, 200미터 거리의 목표물을 총 20발에 걸쳐 나눠 쏘게 됩니다. 이때 자세는 입사로 안에서 쏘는 입사로쏴, 엎드려서 쏘는 엎드려쏴, 무릎을 꿇고 쏘는 무릎쏴, 서서 쏘는 서서쏴 등이 있습니다. 사격 훈련은 모든 절차에 안전사고를 대비해 간부가 항상 동행하고 통솔합니다. 사격 훈련은 인명 사고가 일어날 수 있는 매우 위험한 훈련 중 하나이므로 반드시 교관(조교)의 통제를 잘 따르고 안전한 가운데 훈련에 참가하기 바랍니다.

Q12. 총기 손질 및 분해 결합은 얼마나 어려운가요?

A. 현재 우리 군에서는 일반적으로 K2 소총을 씁니다. 총기 및 총기 분해에 대한 사전 지식이 있으면 물론 좋겠지만, 훈련병 시기에 충분히 배우고 숙달하므로 사전 지식이 없어도 전혀 무방합니다. 총기 분해가 처음에는 많이 복잡해 보일 수 있지만, 보통 훈련병 시기에 익숙해질 정도로 숙달하므로 크게 걱정하지 않아도 됩니다.

Q13. 실제 폭발물인 수류탄 훈련에 대해 걱정이 많이 됩니다. 설명을 부탁드립니다.

A. 수류탄 훈련은 실제 인명 사고가 많이 일어나는 위험한 훈련 중 하나입니다. 그러나 숙달된 교관과 조교의 통제를 잘 기억하고 따르면 안전하게 훈련할 수 있으니 크게 불안해하거나 두려워하지 않아도 됩니다. 실제 수류탄을 던질 때는 깊은 물가에 목표 지점을 설정한 후 안전을 위한 참호 속에서 수류탄을 던집니다. 안전핀을 뽑아도 안전 손잡이를 꽉 쥐고 있는 한 수류탄은 터지지 않으니, 교관의 통제에 따라 투척해야 하는 순간 자신 있게 던지면 됩니다. 실제 수류탄을 던지기 전, 비슷한 형태의 연습용 수류탄을 활용하여 수차례 반복하며 훈련하니 크게 걱정하지 않아도 됩니다. 그럼에도 개인적 이유(수전증, 다한증, 심리적 문제 등)로 도저히 훈련에 참가할 수 없는 경우에는 교관(조교)에게 보고하고 연습용 수류탄으로 대체하여 훈련하는 등 통제에 적절히 따르면 됩니다.

Q14. 기초 군사 훈련 수료 후 훈련병의 자대 배치는 어떻게 이루어집니까?

A. 육군의 경우, 자대 배치는 일단 무작위 난수에 의한 배정입니다. 육군 훈련소는 자대 배치가 최전방에서 최후방까지 고르게 이루어지지만, 그 외 사단 신병교육대대에서 배출된 자원들 중 높은

비율은 통상 그 사단 내의 부대로 배치됩니다. 해군과 공군의 경우에는 기초 군사 훈련을 수료한 후 부여받은 군사 특기에 따라 각 병과 학교로 이동하여 주특기 교육을 받고 자대 배치를 받게 됩니다(해군에서는 실무 배치라고 부릅니다).

Q15. 주특기 부여는 어떻게 받습니까? 그리고 기초 군사 훈련 후 병과별 학교에서 이루어지는 후반기 교육에서는 무엇을 배우게 됩니까?

A. 모든 군인은 주특기를 가지고 있습니다. 주특기는 각 군의 충원 소요에 따라 신체조건, 학력/학과, 자격/면허, 인성/지능 검사, 기술 검사 점수, 사회 경력, 개별 면담 등 여러 요소를 고려하여 결정됩니다.

후반기 교육은 부여받은 병과의 주특기를 가지고 배치된 자대에서 수행해야 할 주요 과업과 내용들을 익히고 숙달하는 과정입니다. 훈련병으로서 기초 군사 훈련을 통해 군인이라면 기초적으로 반드시 숙지하고 체득해야 할 것들을 배우고 숙달한다면, 후반기 교육은 기초 군사 훈련을 수료한 인원들 중 추가적인 교육이 필요한 군사 특기를 받은 인원들을 대상으로 해당 군사 특기에 맞는 교육을 실시하는 것입니다.

Q16. 낯선 환경에서 마음이 많이 힘들고 어려울 때는 어떻게 해야 하나요?

A. '모든 것은 마음먹기 나름'이라는 말이 있듯이, 낯선 환경에서의 정신적인 괴로움을 극복하기 위해서는 이를 이겨내 보겠다는 본인의 강한 의지가 가장 중요합니다. 물론 이 말이 현실적으로는 그렇게 쉬운 것이 아님을 알고 있습니다. 그럼에도 자신의 의지가 원만한 군 생활 적응에 있어 가장 중요함은 아무리 강조해도 지나치지 않습니다. 군 생활에 대해 부정적인 생각으로 일관하면 주변에서 아무리 많은 도움을 받는다 해도 끝까지 괴롭고 어려울 것입니다. 군 생활과 군에서의 시간의 의미를 마음속에 잘 새기십시오. 군은 우리를 성숙시키고 성장시키는 매우 값진 곳입니다. 전역하고 돌아갈 본래의 자리에서 더 성숙하고 멋진 사람이 되어 있을 자신을 기대하고 확신하며, 군 생활의 의미를 긍정적으로 해석하는 것이 매우 중요합니다.

군에는 생각보다 도움을 줄 수 있는 사람과 창구가 많습니다. 우선 해당 부대의 주말 종교 활동, 예배에 꼭 참석해 보기를 권장합니다. 교회 안에서 만나는 많은 사람과의 교제와 대화 가운데 그리고 무엇보다 예배드리며 기도하는 중에 눈물의 위로와 마음의 치유와 회복이 이루어질 것입니다. 또한 부대 안의 분대장, 군종병, 대표병, 또래 상담병 등 함께 생활하는 용사들 중에도 당신의 고충을 듣고 응원해 줄 수 있는 존재들이 있으며, 나아가 군종장교 및 병영 생활 상담관, 지휘관, 행정 보급관 등 다양한 사람이 당신의 군 생활의 조력자가 될 수 있습니다. 또한 부대별 인성 교육 프로그램, 위문 활동, 회복탄력성 프로그램 등 다양한 방법으로 군은 복무하는 용사들이 건강하고 행복하게 군 생활을 감당하도록 힘쓰고 있습니다. 이러한 기회들을 적극 활용해 보기를 권장합니다. 당신의 군 생활을 응원합니다!

Q17. 군에서의 개인 휴대폰 사용에 대해 알고 싶습니다. 손에 휴대폰이 없으면 불안할 때가 있습니다.

A. 입대 후 훈련병 시기와 병과에 따른 후반기 교육 기간 중에는 휴대폰을 사용할 수 없습니다(물론 지휘관 재량에 따라 주말의 경우 일정 시간 휴대폰을 사용하도록 통제하는 부대가 있을 수 있습니다). 자대에 가서 휴대폰을 받게 되는데, 평일에는 통상 17시 30분부터 20시 50분, 주말에는 08시 30분부터 20시 50분까지 휴대폰을 사용할 수 있습니다(사용 통제 시간도 부대마다 약간은 상이할 수 있습니다).

휴대폰이 없는 것이 생각보다 크게 지장이 되지 않을 수 있으니 너무 걱정하지 마세요. 하지만 휴대폰이 없어 불안하다고 해서 휴대폰을 주지는 않습니다.

Q18. 군 복무 중 훈련을 받다가 부상을 당하면 어떻게 하나요? 군대에서 지원을 받을 수 있습니까?

A. 우선 훈련 시 부상을 당한 경우, 해당 부대의 의무대로 가서 1차 조치와 진단을 받는 것이 옳습니다. 염좌나 골절의 수준은 지역마다 위치하고 있는 큰 국군병원을 통해서도 충분히 치료가 가능합니다. 국군병원에서 치료를 받으면 군에서 지원을 받을 수 있습니다. 민간 의료 시설에서의 진료를 희망하는 경우, 먼저 군 내에 있는 군의관을 통해 진단서를 받아야 합니다. 진단서를 받았으면 민간 병원으로 나가서 진료를 받을 수 있습니다. 민간 병원에서의 치료는 특별한 경우가 아닌 이상 자기 부담입니다.

Q19. 행군에 대해서 알려 주십시오. 유의해야 할 점이 있을까요?

A. 행군은 통상 훈련소와 자대에서의 유격 훈련 및 각종 훈련(행군이 반드시 필요한 훈련) 시 진행합니다. 행군을 잘하는 특별한 요령이 있는 것은 아니지만 몇 가지 팁이 있다면, 행군 시에는 가능하면 초코바, 분말 형태의 이온 음료 등을 꼭 챙기기를 권장합니다. 행군 시 당 충전과 수분 보충은 매우 중요합니다. 또한 군화 끈은 물집을 방지하기 위해 최대한 꽉 묶어 주는 것이 좋습니다. 그리고 행군을 하다 보면 배낭이 무거워 자꾸 허리가 굽혀지는데, 의식적으로 허리를 최대한 곧게 세우려고 노력해야 합니다. 숨은 코로 깊게 들이마시고 입으로 뱉어 주세요. 마지막으로 행

군은 자기와의 싸움입니다. 육체적인 준비만큼이나 정신적인 부분이 중요한데, 부정적인 생각보다는 할 수 있다는 생각을 가지는 것이 중요하고, 무엇보다 함께 걷고 있는 전우들을 의지하며 팀워크를 발휘할 때 행군이 한결 더 수월해집니다. 군가도 왕성하게, 힘내자는 구호도 우렁차게 내며 행군에 최대한 몰입할 때, 시간도 더 잘 흘러가고 수월하게 행군을 할 수 있을 것입니다.

Q20. 동반 입대라는 제도가 있던데 무엇인가요?

A. 동반 입대는 가까운 친구(학교, 고향, 직장 등)나 형제(친척)와 입영하여 함께 훈련을 받고 같은 생활권 단위 부대로 배치되어 전역할 때까지 서로 의지하며 군 복무를 할 수 있는 제도입니다. 아무나 동반 입대를 할 수 있는 것은 아니고, 각 군별로 지원 자격이 조금씩 다르니 잘 살펴보아야 합니다. 육군 기준으로는 만 18세부터 28세까지 지원 가능하며, 학력 제한은 따로 없습니다. 물론 친구나 친척 등 두 명이 함께 지원해야 합니다. 자격증, 면허, 전공 학과 등은 아무런 관련이 없고, 영향도 주지 않습니다. 다른 모집 분야에 지원하지 않아야 하며, 만약 입영 날짜가 결정되었다면 입영일 30일 전까지 지원 가능한 사람이어야 합니다. 신청 방법은, 병무청 누리집에 들어가 이달의 모집 계획 클릭 후 군대 동반 입대 공지를 확인하고 지원서를 작성하면 됩니다. 동반 입대자는 보병, 포병, 공병, 통신병과 중에서 특기를 부여받게 됩니다.

Q21. 현역 판정을 받지 못했는데 현역으로 입대 가능한 방법이 있을까요? 친구와 동반 입대하고 싶은데 시력 때문에 안 된다고 합니다. 해결할 방법이 있을까요?

A. 병역 판정 검사에서 시력, 체중 등으로 4급 또는 5급 판정을 받은 사람이 입대를 희망하는 경우에는 현역으로 입영할 수 있도록 지원하는 제도가 있습니다. 일명 '슈퍼 힘찬이 만들기' 프로젝트입니다. 슈퍼 힘찬이는 국가 안보에 기여할 병역 의무자들이 더 존중받고 자긍심을 높이도록 만든 제도입니다. 보통 4급 판정을 받은 사람은 원하면 현역병으로 입영할 수 있지만, 신체 등급을 1-3급으로 변경해서 입영을 원하는 사람은 슈퍼 힘찬이를 신청할 수 있습니다. 신청자는 병무청과 협약한 병원이나 체중 조절 기관에서 치료 지원이나 체중 조절 지원을 받을 수 있습니다.

Q22. 군 생활 중에 휴가는 며칠이나 있나요? 휴가를 더 받을 수 있는 방법도 있는지 궁금합니다.

A. 휴가에는 정기 휴가(연가), 청원 휴가, 포상 휴가 등이 있습니다. 군인은 기본적으로 정기 휴가를 모두 동일하게 받습니다. 18개월 복무하는 육군은 24일, 20개월 복무하는 해군은 27일, 21개월 복무하는 공군은 28일을 받습니다. 본인이 징계를 받아 휴가를 제한받지 않는다면 모두 사용할 수 있습니다. 청원 휴가는 개개인의 특별한 상황으로 인해 주어지는 휴가입니다. 본인이 결혼

을 하거나(5일) 본인의 부상 또는 질병으로 요양이 필요할 때(30
일), 본인이 직계 가족을 간호해야 할 때(30일), 부모가 사망한 때
(5일), 조부모가 사망한 때(3일), 형제자매가 사망한 때(1일) 등의
경우입니다. 마지막으로 포상 휴가는 노력에 대한 '포상'의 개념
으로 주어집니다. 각종 훈련이나 임무 수행 중 우수자에게, 각종
대회에서 수상한 경우, 자격증 취득 시, 부대 운영에 도움을 주
는 인원에게 부대장의 재량으로 포상을 부여하기도 합니다. 하
지만 한 사람이 너무 많은 포상을 받는 것을 제한하기 위해 포상
휴가는 최대 16-18일 정도로 제한하고 있습니다. 이 외에도 특
별 휴가로 근무 피로도가 높은 병사에게 주는 위로 휴가, 재해를
당한 지역 장병을 위한 재해 구호 휴가 등도 있습니다.

Q23. 대한민국의 뛰어난 군사력만큼이나 군인들을 위한 혜택이 많다
고 하는데, 군인의 신분으로 누릴 수 있는 복지에는 어떤 것들이
있는지 궁금합니다.

A. 나라와 국민을 위해 '젊음'이라는 청춘의 시기를 바치는 병사
들을 위해 매년 군사력 증강 못지않게 군인들을 위한 복지 체
계도 성장하고 있습니다. 병장 월급 100만 원 시대가 열렸고,
장병내일준비적금에 대한 재정 지원금도 인상되었습니다. 먼
저 '장병내일준비적금'은 전역 후 목돈을 마련할 수 있도록 하
는 6퍼센트 수준의 고금리 자유 적립식 정기 적금을 말합니다.

예를 들어, 육군 기준으로 월 40만 원씩(은행당 20만 원) 18개월을 부으면 원금 720만 원에 기본 금리와 지원금까지 합해 최대 1,289만 원 수령이 가능합니다(2023년 기준). 이 외에도 통신비 할인(군인 요금제), 영화(CGV, 메가박스) 할인, 야놀자 숙박 할인, 에버랜드 무료 이용, 축구/야구/농구 무료 및 할인 관람, 병상해보험, 자기계발 비용 지원(연간 최대 12만 원), 이발비 지원(월 1만 원), 패딩형 동계 점퍼와 컴뱃 셔츠 지급, 일용품 현금 지급, 제주 지역 항공료 지원, 강원도 지역 할인, 군e-러닝(학점 인정 제도), 민간 병원 이용 절차 간소화, 영창 제도 폐지, 재난 상황 중 대민 지원에 대한 자원 봉사 활동 시간 인정 등 다양한 복지 혜택이 있습니다. 자세한 사항은 '나라사랑포털'(www.narasarang.or.kr)을 통해서 확인 가능합니다.

Q1. 부대마다 교회가 있나요? 군인 교회는 어떻게 예배를 드리는지 알고 싶습니다. 군대에도 온라인 예배가 있나요?

A. 군대에서도 종교의 자유가 보장되며, 주말(휴일)과 개인 정비 시간(일과 외 시간)에 신앙생활을 이어 갈 수 있습니다. 연대급 이상 교회에는 대체로 주일 예배, 수요 예배, 새벽 기도회가 있으며, 이 외에 기도회나 성경 공부 모임이 있기도 합니다. 대부분 대대급 제대마다 예배당이 있으며, 그보다 작은 중대급(포대급)에도 예배당이 있는 경우가 있습니다. 예배당이 없는 부대인 경우, 인근 부대에 있는 교회로 가서 예배를 드리기도 합니다. 더불어 코로나19 시기를 겪으면서 군종목사가 보직된 대다수의 군인 교회에서는 온라인 예배를 병행하고 있습니다. 일과 후에 휴대폰을 사용할 수 있기 때문에 각종 온라인 예배와 SNS를 통한 양육 등도 활발하게 이루어지고 있습니다.

Q2. 군종병이 되기를 희망하고 있습니다. 군종병에 대해 알려 주세요.

A. 군종병에는 두 종류가 있습니다. 군종 특기병과 임명직 군종병입니다. 먼저 군종 특기병은 전문 특기병으로 주특기 자체가 '군종'이며, 일과 시간에 군종과 관련된 업무를 합니다. 병무청 홈페이지를 통해 지원하며, 훈련소(신교대)에서 주특기 분류 전에 가끔 선발하는 경우도 있습니다. 군종 특기병이 되기 위해서는 일정한 자격 요건을 갖추어야 하며, 서류 전형과 면접 평가를 거쳐 선발됩니다.

이에 반해 임명직 군종병(대대, 중대 군종병)은 운전병, 통신병, 의무병 등 자신의 주특기가 따로 있어 주 중에는 부대 일과를 따르고, 주말 또는 개인 정비 시간에 교회에서 활동하는 군종병입니다. 업무가 아닌 '봉사'의 개념입니다. 우리가 부대에서 자주 접하는 군종병은 대부분 대대나 중대의 임명직 군종병입니다. 임명직 군종병은 신앙생활과 부대 생활에서 모범적인 사람을 군종목사님의 추천 등으로 부대장이 임명합니다. 군종 특기병만으로는 군인 교회 사역을 모두 감당할 수 없기에 임명직 군종병들의 헌신과 동역이 매우 큰 힘이 됩니다.

[출처: <전문특기병 소개: 군종병 편>(병무청, 2023년 4월 12일, https://blog.naver.com/mma9090/223072021913)]

Q3. 군대에서 전도 활동은 어떻게 이루어집니까? 군인 교회에서 이루어지는 군선교 사역에 대해서 알고 싶습니다.

A. 군인 교회에는 'VISION2030'이라는 선교 전략이 있습니다. "한 영혼을 그리스도께로! 백만 장병을 한국교회로!"라는 목표(구호)에 따라 매년 6만 명의 새신자와 4만 명의 기존 신자를 양육해서 10년 동안 100만 장병을 한국 교회로 파송하는 전략입니다. 이러한 군선교 사역은 LET'S라는 실천 사항으로 요약됩니다. Life(새 생명)는 신교대와 자대에서 "세례하자!", Evangelism(전도)은 일대일로 "전도하자!", Teaching(가르쳐 세움)은 제자로 "양육하자!", Sending(보냄)은 한국 교회로 "파송하자!" 등의 의미입니다. Apostrophe(')는 연결하는 문장 부호로, 군인 교회 전체를 비전으로 이어 주는 대내홍보와 군인 교회와 한국 교회를 이어 주는 대외홍보의 뜻을 담고 있습니다.

Q4. 군대의 목사님들은 어떻게 활동을 하시는지요?

A. 먼저 군대에서 사역하는 목사님들은 두 부류가 있습니다. 군종목사와 군선교 교역자입니다. 군종목사는 군인의 신분으로, 줄여서 '군목'이라고 부릅니다. 군선교 교역자는 민간인의 신분으로 군인 교회에서 사역하는 분들을 말합니다. 여기서는 군종목사의 활동을 중심으로 다루겠습니다. 군종목사에게는 크게 네 가지 분야의 업무가 있습니다. 종교 업무, 교육 업무, 선도 업무, 대민 업

무 등입니다. 종교 업무는 각종 예배와 기도회, 양육 과정 인도 등 목회자로서의 사역입니다. 교육 업무는 인성 함양, 국가관, 가치관, 사생관, 리더십 등의 확립을 위한 각종 교육을 의미합니다. 선도 업무는 선진 병영 문화 정착을 위한 위문, 상담, 돌봄 등의 활동이 있습니다. 대민 업무는 민·군 상호 간의 협력과 이해를 증진하기 위한 사회단체와 연결된 업무를 뜻합니다. 이 외에도 군종목사는 장교이기 때문에 '참모'로서의 역할도 하게 됩니다.

Q5. 입대 전에 세례를 받지 않았는데 입대해서 세례를 받을 수 있습니까?

A. 물론입니다. 군인 교회에서도 세례(침례)를 받을 수 있습니다. 군 생활 동안 크게 두 번에 걸쳐 세례를 받을 수 있는 기회가 있습니다. 첫 번째 기회는 육군 훈련소, 사단 신병 교육대, 해·공군교육사령부 등에서 진행되는 세례입니다. 흔히 '관문 세례'라고 부르는데, 군 생활의 관문과 같은 곳에서 세례를 받고 신앙의 세계로 들어갈 수 있습니다. 훈련소 기간 중에 보통 4주 동안 예배를 드리면서 세례 교육이 병행되고 세례식이 거행됩니다. 두 번째 기회는 자대 교회에서 진행되는 세례입니다. 이는 '제자 찾기 세례'라고 합니다. 만약 '관문 부대'에서 세례를 받지 못했더라도 자대에서 신앙의 결단을 통해 세례를 받을 수 있습니다. 군인 교회에

서도 일반 교회처럼 보통 1년에 두 차례, 부활절과 성탄절에 정기적으로 세례를 베풀지만, 상황에 따라서 수시로 세례식이 거행될 수도 있습니다. 자대 교회 목사님께 세례 받고 싶다고 이야기하면 친절하게 설명해 주실 것입니다.

Q6. 군대에서도 성경 공부를 할 수 있나요?

A. 그렇습니다. 3번 질문에 대한 답변이었던 'VISION2030'의 핵심 사역 중에 하나가 바로 '양육'(Teaching)입니다. 군인 교회의 대표적인 양육 과정으로는 '하나복'(하나님 나라 복음 DNA 네트워크), '어성경이 읽어지네', 'TEE공동체학습' 등이 있으며, 군선교연합회에서 발행한 《선물Ⅱ》 소책자를 활용한 성경 공부도 있습니다. 각종 신우회와 군종병 모임을 통해서 성경 공부를 진행하기도 합니다. 육·해·공군·해병대 군인 교회와 군종목사님들마다 사용하는 성경 공부 교재가 있기도 합니다. 이처럼 군인 교회에서 시행하는 성경 공부 모임과 교재는 다양하고 풍성합니다. 성경 공부에 관심이 있고 참여하고자 하는 열정만 있다면, 군 생활 중에도 꾸준하게 신앙이 성장할 수 있습니다. 최근에는 스마트폰과 SNS를 활용하면서 제대를 뛰어넘는 군인 교회 '양육 네트워크'가 구성되기도 합니다.

Q7. 군 생활 중에 병영 안에서 이단을 만나게 되면 어떻게 행동해야 합니까?

A. 한국 사회의 이단 혹은 사이비 단체들의 주 타깃이 청년들이다 보니 군대에서도 이단을 만나는 경우가 종종 발생합니다. 이럴 때는 개인적으로 접근하지 말고, 군종목사님 혹은 군선교 교역자에게 알리고 도움을 구하기 바랍니다. 또한 '이단', '사이비'라는 표현보다는 공식적인 해당 단체명을 직접 거명하거나 소수 종교(유사 종교)라는 용어를 사용하면 명예훼손과 관련된 잡음이 생기지 않을 것입니다. 군대에서 공식적으로 활동하는 종교는 기독교, 천주교, 불교, 원불교 등입니다. 해당 종교의 성직자들이 군대에 들어와 군종장교로 임무를 수행하고 있습니다. 그러나 네 종교 외에도 소수 종교에 소속된 신자가 종교 행사를 원할 때, 개인의 종교 행사 참여가 보장되고 있습니다. 최근에 개정된 국방부 훈령(2022.7.31.)에 따르면 "군의 단결을 저해하는 설교 및 포교행위가 금지된다"는 포괄적인 내용만 담겨 있기에 이단, 사이비 단체와 관련된 사항은 섣불리 접근하지 말고, 신중하고 지혜롭게 대처해야 합니다.

Q8. 군 생활 중에 헌금을 드릴 수 있나요?

A. 이런 질문까지 하다니, 놀랍고 또 기특합니다. 우리가 신앙생활을 하면서 가장 부담되는 것 중에 하나가 아마도 '헌금'일 것입니

다. 그래도 우리에게 헌금 생활은 참 중요합니다. 헌금은 내가 가지고 있는 모든 것이 나의 것이 아니라 하나님의 것임을 드러내는 고백의 증표이기 때문입니다. 군인 교회에서도 십일조 헌금, 감사 헌금, 주일 헌금, 절기 헌금 등 다양한 헌금을 드립니다. 헌금을 하는 방식은 사회 교회와 크게 다르지 않습니다. 만약 부대에서 현금을 사용하기 불편하다면 온라인 헌금도 가능합니다. 군인 교회에도 온라인 예배가 정착되면서 자연스럽게 온라인 헌금이 활성화되고 있습니다. 입대 전 사회에서 각자 소속된 교회가 있어 군인 교회가 아닌 모교회에 헌금을 하는 경우도 있지만, 특별한 경우가 아니라면 군인의 신분으로 있는 동안에는 출석하는 군인 교회에 헌금할 것을 권면합니다. 군인 교회도 하나님을 예배하며 부대와 세상을 섬기는 '교회'라는 것을 잊지 않았으면 합니다. 특히 군인 교회에 하는 헌금은 대부분 예배 간식비와 더불어 장병들을 위문하고 선교하는 데 사용되고 있습니다. 군인 교회에서 드리는 당신의 헌금으로 군선교에 동참할 수 있습니다.

Q9. 기초 군사 훈련을 받는 동안에도 예배를 드릴 수 있나요?

A. 5번 질문인 '세례'와 관련된 내용에서 다루었듯이, 육군 훈련소, 사단 신병 교육대, 해·공군교육사령부에서 세례를 받을 수 있다는 말은 곧 기초 군사 훈련을 받는 동안에 예배를 드릴 수 있다는 의

미이기도 합니다. 관문 부대에서는 보통 4-5주 동안 예배를 드릴 수 있는데, 기성 교회의 예배보다는 기독교 오리엔테이션 또는 전도 집회의 느낌이 강합니다. 크리스천 청년들보다 오히려 믿음이 없는 청년들이 훨씬 더 많이 참여하는 예배이기도 합니다. 훈련소 교회의 대표 찬양이라고 할 수 있는 <실로암>은 신앙을 뛰어넘어 하나의 기독교 문화로 자리 잡고 있습니다. 이처럼 기초 군사 훈련을 받는 관문 부대에서 드리는 예배는 종교에 무관심했던 청년들조차 마음이 열려 관심을 갖게 되는 선교의 장이 되고 있습니다.

Q10. 주일에 교회에 가려면 어떻게 해야 합니까? 평일 새벽 기도회나 수요 예배에도 참여할 수 있습니까? 특별한 절차가 있는지 알고 싶습니다.

A. 주일에 교회에 가기 위해서는 먼저 주 중에 예배를 드리고 싶다는 의사를 표현해야 합니다. 부대에서는 주 중에 예배 참여(종교 행사) 인원을 조사합니다. 보통 일일 결산 시간을 활용하거나 중대 행정반에서 종합을 합니다. 주 중에 조사된 예배 참여(종교 행사) 인원은 예배 전후로 지휘 통제실 또는 행정반 당직 근무자에게 보고됩니다. 교회가 영내에 있는 경우에는 도보로 이동하고, 영외에 있는 경우에는 차량을 탑승해서 이동하기도 합니다. 구체적인 예배 시간이나 장소에 대해서는 군종목사님 또는 군종병에

게 문의할 수 있습니다. 생활관 동기나 같은 중대에서 먼저 군인 교회 예배를 드리고 있는 전우들이 있다면 그들에게 물어보는 것이 가장 빠릅니다. 근무나 훈련 등의 상황이 아니라면 개인 정비 시간 중 신앙생활(종교 활동)은 보장됩니다. 새벽 기도회나 수요 예배도 개인의 의지와 결단 가운데 참여할 수 있습니다. 단, 새벽 기도회 같은 경우에는 일과가 시작되기 전에 진행되기 때문에 부대와의 충분한 소통이 필요합니다. 이동 시에도 담당 간부 또는 목사님의 인솔 등이 필요합니다.